LES
JEUNES VOYAGEURS
EN ASIE,
PREMIÈRE PARTIE,

CONTENANT LA TURQUIE D'ASIE, L'ARABIE, LA PERSE ET L'INDE.

TOME QUATRIÈME.

PARIS, IMPRIMERIE DE GAULTIER-LAGUIONIE,
HÔTEL DES FERMES.

LES JEUNES VOYAGEURS EN ASIE,

ou
DESCRIPTION RAISONNÉE

DES DIVERS PAYS COMPRIS DANS CETTE BELLE PARTIE
DU MONDE,

Contenant des détails sur le sol, les productions, les curiosités, les mœurs et coutumes des habitans, les hommes célèbres de chaque contrée, et des anecdotes curieuses.

Avec une Carte générale de l'Asie, six Cartes particulières et seize Gravures en taille-douce.

PAR P. C. BRIAND,

Auteur des Jeunes Voyageurs en Europe.

TOME QUATRIÈME.

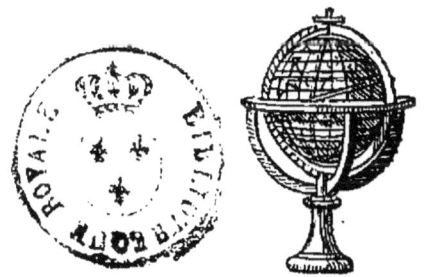

A PARIS,
CHEZ HIVERT, LIBRAIRE,
QUAI DES AUGUSTINS, N. 55.

1829.

LES
JEUNES VOYAGEURS

DANS

LA TURQUIE D'ASIE,

L'ARABIE, LA PERSE ET L'INDE.

~~~~~~~~~~~~~~~~~~~~~~~~~~~~~~

LETTRE XVI.

Suite de l'INDE EN-DEÇA DU GANGE. — Orissa. — Jagrenat. — Madras. — Pondichéry. — Mysore.

———

La première province que nous avons explorée, au sortir du Bengale, est celle connue sous le nom d'*Orissa*, pays généralement peu fertile, excepté dans les parties exposées au sud-est. La partie occidentale renferme des montagnes habitées par les Ouréas, espèce de sauvages indous. L'intérieur de ce territoire, qui est très étendu, est partagé entre les Anglais et plusieurs princes qui règnent sous la protection, ou pour parler plus juste, sous la dépendance de la Compagnie anglaise. Cette province a pour capitale *Cuttack*, située dans le vaste district du même nom, sur la rivière de Mahanaddy. Cette ville bien déchue, et dont le séjour est malsain, est défendue par une citadelle, et garantie des inondations des rivières qui l'avoisinent, par une digue solidement construite. *Balasore,* autre ville de la même province, est une place de mer bâtie sur la rivière de Burry Belian. Elle a un port très fréquenté par toutes les nations commerçantes. On y trouve des pilotes européens qui conduisent les vaisseaux au Bengale, à travers les embouchures dangereuses du Gange. Balasore renferme des fabriques d'étoffes de coton blanches et peintes. On y fait, entr'autres, une belle étoffe avec des écorces d'arbres, et selon quelques-uns, avec de la soie tirée de vers sauvages. Ces deux places ont été cédées de gré ou de force à la Compagnie anglaise. C'est une de ses meilleures acquisitions, en ce qu'elle assure la communication entre ses possessions sur le Gange, et celles qu'elle a sur la côte de Coromandel.

Pendant le court séjour que nous fîmes à Balasore, nous eûmes une nouvelle preuve de ce que peut la superstition sur un peuple ignorant. La place publique, remplie d'une foule d'Indiens, offrait le spectacle de gens qui avaient sur le nez une raie tracée avec une poudre jaune, tandis qu'à d'autres cette même raie était rouge. Nous ne manquâmes pas de demander à notre guide la cause de cette singularité. Il nous apprit qu'en Asie, tous les jours étaient marqués par des rites, et que les ritualistes, à l'époque de la lune rousse qui, selon eux, annonce de grands désastres, se répandent dans les villes et dans les villages, pour faire tourner à leur profit la peur générale. Ces brahmes secondaires ne vivent que du produit de ces teintures auxquelles ils attribuent beaucoup de vertus. Chacun s'empresse de se procurer ces signes assurés de la protection de Brahma, au nom et en l'honneur duquel se font les choses les plus absurdes. La différence des couleurs désigne chacune des divinités propices; mais la rouge est généralement préférée. Les prêtres prétendent qu'elle est l'emblême du sang de la déesse *Hourga*, sang qu'elle a versé pour sauver l'Asie, en combattant les géans et les monstres qui la ravageaient.

Cette déesse Hourga, qu'il est bon de vous faire connaître, est une des divinités dont les miracles sont le plus accrédités parmi les peuples de l'Inde. Ils se plaisent à la représenter sous mille formes différentes, et plus ou moins bizarres. Incertains sur son origine, ils la font alternativement fille de Brahma ou du soleil ; ces pauvres Indiens, égarés par des traditions fabuleuses, lui prêtent un pouvoir surnaturel ; ils disent qu'elle arrêta le cours du Gange, et qu'elle fait à son gré les beaux jours et les tempêtes. Enfin ils ont pour cette misérable divinité la plus grande vénération. Les brahmes, qui savent profiter de la sotte crédulité du peuple, ont institué une fête annuelle en faveur de la déesse Hourga ; et cette fête, suivant l'usage du pays, cause les plus grands désordres, et contribue à augmenter le nombre des martyrs du fanatisme.

Le lendemain de cette fête, nous allâmes visiter un ermite célèbre dans toute la contrée. Notre guide qui le connaissait, et qui avait été anciennement lié avec lui, nous en parla de manière à nous intéresser vivement en sa faveur, et il nous conduisit au lieu de son habitation. Au moment où nous arrivâmes, il était en prière.

Pour ne pas l'interrompre, nous restâmes quelque temps à l'écart, sous les acacias qui ombrageaient sa chaumière. Lorsqu'il eut terminé ses exercices religieux, il jeta les yeux sur nous, et allait se retirer, lorsqu'il aperçut le guide qui le rassura sur notre compte. Alors il nous offrit l'hospitalité la plus franche; mais il était si pauvre qu'il ne put nous donner d'autre siége que sa natte, et d'autre rafraîchissement que du *calou*, espèce de liqueur fermentée extraite du cœur du cocotier. Ce qui nous importait, c'était de connaître les causes qui l'avaient déterminé à mener une vie aussi solitaire. Je ne vous détaillerai pas les moyens que nous employâmes pour l'amener à nous en faire le récit, l'essentiel est que nous y sommes parvenus, aidés toutefois du secours de notre guide, qui n'épargna rien pour exciter sa confiance envers nous. Enfin, malgré les douloureux souvenirs que ce récit ne pouvait manquer de réveiller en lui, il con-

VILLAGE JOBBOU.

sentit à le faire, et c'est lui-même que vous allez entendre.

« Étrangers, nous dit-il, il s'est passé un grand nombre d'années depuis le temps où j'habitais l'héritage de mes pères. Ce n'était, à la vérité, qu'une chaumière, entourée d'un petit champ, une nacelle et des filets; mais mes ancêtres m'avaient transmis leurs vertus austères, et cet ardent amour du travail qui, réuni à l'ordre et à l'économie, supplée à la fortune. Ma demeure était sur le bord de la rivière. Actif et vigoureux comme on l'est dans la jeunesse, je pouvais cultiver mon champ et tendre mes filets. J'étais heureux autant qu'un mortel peut espérer de l'être, et Brahma versait ses bienfaits sur la plus humble de ses créatures. Mais le moment était arrivé où je devais connaître la plus douce et la plus déchirante des passions.

« Un jour que l'on célébrait une de nos fêtes dans ce village, je vis pour la première fois Nalvira la beauté vertueuse qui sourit à mon amour, et à laquelle j'associai ma destinée. Elle charma bientôt mon existence par sa tendresse et ses soins assidus. Nous ne formions qu'un seul être. Quelquefois, hélas! je me le rappelle encore, sur le déclin d'un beau jour, nous adressions nos prières à Brahma, pour le remercier de l'heureuse union qu'il nous avait accordée. Souvent, au lever de l'astre qui nous éclaire, et qui fertilise nos contrées, je me plaisais à parer de fleurs ma chère Nalvira. Avec quelle joie je revenais près d'elle, lorsqu'après une journée d'absence, je lui apportais quelques objets qu'elle avait paru désirer. Cette femme, vraiment céleste, me rendait le plus heureux des époux. Nos jours s'écoulaient sans que rien troublât notre félicité.

« Mais le bonheur dont je jouissais n'était pas sans quelque mélange d'inquiétude. Bien que l'isolement de notre habitation nous mit à l'abri des curieux, l'extrême beauté de Nalvira pouvait charmer un de nos riches Nababs qui, pour satisfaire un caprice, ne craignent pas de causer le malheur d'autrui. L'idée qu'on pouvait m'enlever mon épouse, me causait quelquefois une tristesse dont je ne pouvais me défaire, même étant auprès d'elle, et dont cependant je me gardais de lui laisser pénétrer la cause. C'était sans doute un pressentiment des malheurs que je redoutais.

« Un jour que, d'après mon usage, je m'étais séparé de Nalvira, pour aller dans ma nacelle, tendre mes filets sur la rive opposée, je ne la trouvai plus à mon retour dans ma chaumière. Je l'appelai d'abord, et ensuite je l'attendis quelque temps sans impatience, présumant qu'elle ne tarderait pas à revenir ; mais je l'attendais en vain, la nuit qui survint ne me laissa plus d'espoir de son retour. Un morne silence, auquel je n'étais plus accoutumé depuis que Nalvira parait ma demeure, porta l'effroi dans mon ame. Qu'était-elle devenue? m'avait-elle quitté volontairement? avait-elle été la proie de quelque bête féroce? ou, le malheur que j'avais craint était-il arrivé? enfin l'avais-je perdue sans retour? Telles étaient les réflexions accablantes auxquelles je me livrais, en me rendant comme un insensé sur ce même gazon où je m'étais tant de fois assis auprès d'elle. Je faisais retentir les échos du nom de mon épouse chérie, mais la nature entière était sourde à mes cris. Bientôt le dégoût de la vie s'empara de moi, et je ne pensai plus qu'à mourir.

« Cependant Brahma voulait encore m'éprouver, et ce fut lui sans doute qui me suggéra l'idée d'abandonner le toit de mes pères, l'asile où j'avais connu le bonheur. Mais comment m'arracher d'un lieu où tout ce qui avait appartenu à ma chère Nalvira me retenait en dépit de moi-même. Je passai toute la nuit dans des angoisses plus cruelles que n eût été la mort même ; enfin, à l'aspect du soleil que je vis s'élever plus brillant que jamais, je m'éloignai de ma chaumière, et je m'enfonçai dans les bois, au risque de devenir la proie de quelque bête féroce. Il me serait impossible de retracer tout ce que je souffris durant cet exil volontaire. Je parcourais les lieux les plus éloignés de ceux qui pouvaient me rappeler le sujet de mes noirs chagrins ; je traînais partout une existence qui m'était à charge, et dont je ne pouvais plus supporter l'horrible poids. Un jour que, résolu de mettre fin à une vie aussi pénible, je m'étais assis près des murs qui entouraient le jardin d'un de nos plus riches seigneurs, je vis tomber un bouquet à mes pieds. Je m'en saisis aussitôt, sans toutefois penser qu'il eût quelque rapport à ma personne ; mais quelle fut ma joie, lorsqu'en examinant les fleurs dont il était composé, je trouvai dans leur réunion cette devise : *fidélité*, *courage* et *liberté* ;

bientôt j'entendis une voix prononcer distinctement ces mots : « Sois prudent, cher Abdoulla, ton épouse t'attend. » Ces paroles produisirent en moi une révolution subite, et comme si Nalvira eût été à portée de m'entendre, je m'écriai : « Oui tu seras libre, ou la mort nous frappera tous deux ! »

L'ermite allait continuer son récit, lorsqu'un bruit confus, qui se faisait entendre dans l'éloignement, attira notre attention. Il s'en aperçut, et nous invita à satisfaire notre curiosité. Nous le quittâmes aussitôt, et dirigeant notre marche vers l'endroit d'où partait le bruit, nous arrivâmes près d'une pagode entourée de palmiers. Là se trouvait une multitude d'Indiens rassemblés; ils paraissaient vivement agités; bientôt le tumulte s'accrut, et placés sur une éminence, nous vîmes un spectacle horrible. C'étaient des fanatiques, des brahmes, qui massacraient de pauvres parias, que la faim avait attirés près de ces lieux, et que la populace, dans l'excès de sa rage, avait déjà couverts de sang.

Ces infortunés imploraient en vain la pitié de leurs bourreaux qui, pour étouffer leur voix suppliante, poussaient des hurlemens horribles. En un instant, tous ces parias furent égorgés, et leurs cadavres palpitans reçurent encore, en signe de mépris, d'effroyables mutilations. Après cette horrible scène, le peuple se prosterna la face contre terre, et les prêtres, levant au ciel leurs mains teintes de sang, offrirent à Brahma l'abominable sacrifice qu'ils venaient de consommer pour sa plus grande gloire.

Nous retournâmes à la chaumière de l'ermite, la frayeur encore peinte sur le visage, et nous lui racontâmes ce que nous venions de voir. Mais soit que ses malheurs l'eussent rendu insensible à ceux d'autrui, soit qu'il ne fût pas plus exempt de fanatisme que les autres Indiens, il entendit froidement notre récit, et, sans faire la moindre réflexion, ou peut-être pour nous empêcher d'en faire, il reprit ainsi le fil de son intéressante histoire.

« Dès que je connus l'asile de ma Nalvira, l'espérance pénétra dans mon cœur, et me donna de nouvelles forces. Cependant ne pouvant encore rien entreprendre pour sa délivrance, je me mis à réfléchir sur les moyens les plus propres à l'opérer. Je m'informai d'abord, dans les environs, de la condition du propriétaire de ce riche palais, et j'appris que c'était un nabab puissant, dont on n'approchait jamais qu'en tremblant. Mais le désir de délivrer Nalvira, m'éleva au-dessus de toute crainte, et je formai le projet de pénétrer jusqu'au tyran. Pour parvenir à mon but, je me rendis au village le plus prochain, où je m'armai d'un poignard; je me présentai ensuite aux portes du jardin sous le déguisement d'un faquir, prêtre secondaire révéré dans nos contrées. Le chef de

la garde du palais, qui m'aperçut rodant à l'entour, me demanda pourquoi j'avais l'audace d'approcher de la demeure de son maître, à qui la présence d'un faquir n'était pas agréable. Je l'ignorais, répondis-je à ce vil esclave. « Eh bien, répliqua-t-il,
« apprends que si je suivais les ordres de
« ma consigne, je devrais t'arrêter et te
« conduire enchaîné aux pieds du nabab,
« qui te ferait mourir sur l'heure. Mais
« comme la religion me porte à l'indul-
« gence, je t'invite à te promener ailleurs,
« pour ne point exposer ta vie. »

« Je m'éloignai sans paraître troublé, et je me promis bien d'être plus circonspect en revenant dans ces lieux. Cependant je craignais de ne pouvoir exécuter mon dessein assez promptement pour empêcher Nalvira d'être la victime du nabab, et chaque heure que je voyais s'écouler était pour moi un véritable supplice. Trois jours s'étaient passés sans qu'il se présentât aucune occasion favorable à mes vues, lorsque j'appris que de grands préparatifs se faisaient dans le palais, et que le nabab, fatigué des éternels refus d'une esclave qu'il aimait éperdûment, mais qui ne pouvait le souffrir, voulait s'en rendre possesseur en lui donnant publiquement le titre de légitime épouse qu'elle ne pouvait refuser.

« Tout se disposait, dans l'intérieur du palais, pour célébrer ce grand événement, et cette circonstance avait rendu moins difficile les moyens de s'y introduire; j'y parvins. Vous l'avouerai-je, un froid mortel me saisit en me voyant si près de satisfaire ma juste vengeance; je demeurai immobile et presque tremblant; mais me rappelant tout à coup l'enlèvement de Nalvira, sa longue captivité, ses infortunes, les dangers auxquels elle était exposée, je sentis redoubler mes forces et ma haine contre le tyran.

« Vous savez sans doute qu'en Asie l'auguste cérémonie du mariage se fait avec pompe et magnificence, surtout chez les princes souverains; que les prêtres de Brahma s'entourent en ce jour solennel de tout l'éclat et de tout l'appareil qui rend leur ministère plus imposant. Je me joignis à eux et marchai à leur suite sous mon déguisement de fakir. Je n'essaierai pas de vous dépeindre les merveilles qui frappèrent mes regards, lorsque parvenu dans l'endroit destiné au festin, j'en vis les apprêts. C'était sans doute pour éblouir la victime qu'on allait sacrifier.

« Cette victime parut bientôt sur un char traîné par des éléphans. Plus de cent femmes composaient sa suite; elle était vêtue de blanc; sa figure était couverte d'un voile, des fleurs paraient sa chevelure, son maintien annonçait une femme plongée dans la douleur. Vint ensuite le perfide nabab, qui allait, sous le masque de la religion, la forcer à rompre ses premiers liens. Il semblait braver la puissance divine en outrageant ce qu'il y a de plus sacré parmi les hommes. Le fourbe était couvert des ornemens du luxe et des attributs de la royauté. Son front s'élevait avec audace, sa garde escortait son char ; une musique militaire réglait la marche du cortége. Et moi, misérable, confondu dans la foule des derniers rangs, je n'avais pour appui que mon courage. Combien les préliminaires de ce fatal hymen me parurent longs. Enfin il se fit un grand silence ; toute l'assemblée se prosterna trois fois la face contre terre, et après cet hommage rendu au culte de nos aïeux, le grand-prêtre, en frappant sur le livre saint, donna le signal du départ. Le cortége se rendit à la pagode.

« C'est là, c'est en ce lieu sacré que j'eus besoin de recueillir toutes mes forces. Vingt fois j'avais été sur le point de m'élancer sur le nabab pour le frapper, mais un pouvoir surnaturel avait retenu mon bras. Cependant la cérémonie touchait à sa fin ; une femme avait levé le voile de

Nalvira; elle parut aussi belle qu'un ange, mais la tristesse était empreinte sur sa figure, et ses yeux humides de larmes demeuraient fixés vers la terre. Le moment fatal approchait, mon épouse était sur le point de devenir celle d'un lâche ravisseur. Je tremblais, la rage était dans mon ame. Le grand-prêtre fit retentir les voûtes de l'hymne à Brahma. Le peuple se prosterna, et à l'instant où le ministre allait prononcer l'union des époux, Nalvira poussa un cri d'effroi qui retentit jusqu'à mon cœur. Aussitôt je m'élance vers l'autel, le poignard à la main, et saisissant d'une main la victime, de l'autre dirigeant mon arme sur le nabab, je m'écrie avec force : « Arrêtez, ô brahmes! arrêtez, elle est mon épouse légitime, n'unissez pas la vertu au crime, ce nabab n'est qu'un vil imposteur. »

« Toute l'assemblée est frappée d'étonnement, la cérémonie est troublée ; le tyran, voyant sa proie prête à lui échapper, ordonne à ses satellites de me percer de mille coups; mais le grand-prêtre se jette entre la garde et moi, rétablit l'ordre et demande à Nalvira si elle me reconnaît pour son époux. « Oui, dit-elle, je « le jure sur nos dieux. Je lui fus ravie « par ce barbare qui, depuis le jour de « mon enlèvement, m'a tenue dans la plus « affreuse captivité, dans l'espérance sans « doute que pour en sortir je céderais à « ses odieuses entreprises. » Cette déclaration fait changer toutes les dispositions. Le grand-prêtre nous prend sous sa protection, et remontant sur l'autel, il ordonna au vil imposteur, au nom de Brahma, de ne pas souiller plus long-temps le temple par sa présence, et de se rendre en pélerinage à l'antique pagode de Jagrenat, pour y expier son crime. A ces mots, le tyran se retira humilié et confondu.

« Le peuple des environs, qui gémissait sous l'oppression du nabab, s'était rassemblé au bruit de l'événement. Dès que nous sortîmes de la pagode, mon épouse et moi, il nous porta en triomphe. Je n'avais plus rien à redouter puisque j'étais sous la protection puissante du grand-prêtre de Brahma. Assuré désormais de la possession de Nalvira, rien n'égalait la félicité dont l'avenir me présentait l'image. Je me croyais le plus heureux des hommes; mais mon bonheur ne dura qu'un instant. Le sort impitoyable ne m'avait rendu Nalvira que pour me la ravir de nouveau. L'infortunée voyant que je n'entreprenais rien pour l'arracher à son tyran, crut que j'étais tombé sous les coups des gardes du palais. Forcée de contracter des liens qu'elle abhorrait, et préférant mourir plutôt que de manquer à ses sermens, elle avait abrégé ses jours par le moyen du poison. Hélas! j'eus la douleur de la voir expirer dans des convulsions horribles. Ainsi expira, à la fleur de ses ans, cette femme accomplie, modèle de toutes les graces et de toutes les vertus.

« Après l'événement funeste qui venait de me priver de ce que j'avais de plus cher au monde, je devins insensé, furieux. On prit soin de mes déplorables jours, et j'ai eu le malheur de recouvrer la raison pour vivre dans les regrets et la douleur jusqu'à ce qu'il plaise à Brahma de m'appeler à lui. Si vous me voyez dans cet état d'abandon, c'est que j'ai fait vœu de pauvreté. Ne pouvant trouver sur la terre aucune richesse égale au bien que j'ai perdu, je ne veux me distraire par aucun autre objet du souvenir de ma chère Nalvira. » A ces mots, l'ermite se tut, et ses yeux se remplirent de larmes. Nous prîmes part à son affliction en mêlant nos larmes aux siennes, et, après un assez long silence, nous lui fîmes nos adieux, et reprîmes le chemin de la ville.

C'est dans la province d'Orissa que se trouve Jagrenat, place forte et fameuse par les pélerinages qu'y attirent trois grandes pagodes, dont les tours se voient de très loin sur mer. La pyramide qui couronne l'entrée de la principale pagode a trois cent quarante-quatre pieds de hauteur, et est toute chargée de sculptures. La plus belle pagode est bâtie sur un grand rocher en pierres graniques, dont plusieurs sont d'une dimension à peine croyable. L'idole sculptée en bois a des yeux de diamant. Au milieu de ce temple, à la hauteur de soixante-dix pieds de terre, on voit sortir du mur un énorme bœuf en pierre. Les trois grandes pagodes sont entourées de murs construits en grosses pierres noires sans mortier. Les pélerinages ont accumulé dans cette ville des richesses immenses, dont la majeure partie passe naturellement aux brames, à qui le soin de desservir ces temples est confié. Dans tous les temps et dans tous les lieux les prêtres ont su tirer bon parti de la superstition des peuples; mais ce qui se passe à Jagrenat dans les fêtes célébrées en l'honneur de l'idole, surpasse toute croyance, et cependant n'est que trop avéré.

De nombreuses troupes de pélerins se rendent de toutes les parties de l'Indostan à Jagrenat. Les routes qui y conduisent sont couvertes d'une multitude incroyable de gens suivis de leurs femmes et de leurs enfans; et parmi eux sont des vieillards qui souhaitent de mourir dans cette ville réputée sainte. Il en est beaucoup qui meurent sur la route, et dont les corps restent sans sépulture. On voit avec horreur dans une plaine située à quinze lieues de Jagrenat, près du caravanserai de Boudrouk, des centaines de crânes humains, restes des cadavres dévorés par les bêtes féroces. Les chiens, les chakals, les vautours semblent ici ne vivre que de chair humaine. Les vautours sont tellement privés que la présence de l'homme leur fait à peine quitter leur proie.

Dès que la multitude de pélerins aperçoit dans le lointain le temple de Jagrenat, elle pousse des cris de joie, se prosterne et adore l'idole qu'elle ne voit point encore; mais aussitôt que l'on a atteint la sainte pagode, et que les portes s'ouvrent, les pélerins s'y précipitent en foule, et il est rare que dans ces occasions, il n'y en ait pas quelques-uns d'écrassés; ce qui, au reste, n'est point regardé comme un malheur, car c'est un moyen sûr d'aller droit au ciel. En entrant dans le temple, on voit l'idole de Jagrenat ainsi que celle de Balaram son frère, et de Chouboudra, sa sœur. Elles sont assises sur des trônes à peu près de hauteur égale. Une personne, qui s'y est trouvée à l'époque consacrée aux fêtes, nous en a fait le récit que je vous transmets sans y rien changer.

« J'ai vu, dit-elle, le jour de la grande fête, l'idole sortir de sa pagode au milieu des acclamations de plusieurs centaines de milliers de ses adorateurs. Lorsque cette idole fut placée sur son trône, la multitude poussa un cri tel que jamais je n'en ai entendu de semblable. Il continua pendant quelques minutes, puis diminua sensiblement et cessa. Après un court intervalle de silence, un murmure lointain fixa l'attention. Tous les yeux se tournèrent du côté qu'il venait. C'était une troupe d'hommes tenant des palmes ou des branchages à la main, et s'approchant à grands pas. La foule s'ouvrit pour les laisser passer. Arrivés devant l'idole ils se prosternèrent et l'adorèrent. La multitude jeta de nouveau un cri épouvantable, capable de glacer d'effroi.

« Le trône de l'idole fut placé sur un char colossal, espèce de tour mobile qui avait près de soixante pieds de hauteur, et posait sur des roues traçant de profonds sillons dans la terre, à mesure qu'elles avançaient lentement sous le poids de cette énorme machine. Six grosses cordes de la dimension et de la longueur du câble d'un vaisseau, y étaient attachées, et servaient au peuple à la traîner. Des milliers d'hommes, de femmes, d'enfans même tiraient ces câbles, tous si pressés les uns des autres qu'ils ne pouvaient y employer qu'une main. La tour était garnie de prêtres et de satellites de l'idole qui entouraient son trône. Il y avait près de cent-vingt personnes sur le char. Cinq éléphans précédaient les trois tours. Ils étaient ornés de drapeaux, et revêtus de caparaçons cramoisis auxquels pendaient des sonnettes dont le son retentissait à mesure qu'ils marchaient.

« La tour roulant avec beaucoup de difficulté faisait un bruit horrible. Au bout de quelques minutes elle s'arrêta. Alors commença le service du dieu. Un prêtre se plaça vis-à-vis de l'idole, et chanta des stances obscènes, auxquelles le peuple répondait par intervalles : « Les « chants font les délices du dieu, son « char ne peut se mouvoir que lorsqu'on « le satisfait par des chants. » Le char avança un peu, puis s'arrêta de nouveau. Un jeune homme d'une douzaine d'années chanta alors les louanges du dieu avec des accens et des gestes si lascifs, que la multitude, jetant un cri de joie, fit avancer le char avec promptitude ; quelques minutes après, il fit encore halte, et un vieux ministre de l'idole se leva, et tenant une longue baguette à la main, l'agita de la manière la plus indécente. Il y avait de quoi exciter l'indignation, mais la scène qui allait commencer était d'une nature bien plus horrible.

« La tour ayant fait quelques pas en avant, un pélerin annonça qu'il allait s'offrir en sacrifice à l'idole. Il s'étendit le visage contre terre, les mains allongées sur le chemin de la tour pendant qu'elle marchait. La multitude passa autour de lui, laissant l'espace libre ; les roues l'écrasèrent, et des cris de joie s'élevèrent en l'honneur du dieu, qui sourit, dit-on, quand on lui fait des libations de sang.

Le cadavre resta long-temps exposé aux yeux des spectateurs, sans doute pour en exciter quelques-uns à suivre un si bel exemple.

« La procession ayant eu lieu durant plusieurs jours, on vit un nouveau sacrifice. Ce fut une femme qui s'offrit en holocauste. Elle s'étendit sur la route dans une direction oblique, de sorte qu'elle ne fut pas tuée à l'instant, comme cela arrive ordinairement. Elle ne mourut que quelques heures après. Il est difficile d'évaluer le nombre des dévots qui se rendent annuellement à Jagrenat. Les calculs les plus modérés les portent à douze cent mille. Il y en a beaucoup qui ne retournent jamais chez eux. »

Les affreuses cérémonies du culte de Jagrenat se célèbrent aussi à Ichera sur le Gange, non loin de Calcutta. En 1790 on y vit vingt-huit fanatiques écrasés sous les roues du char. On a peine à concevoir que des prêtres soient assez profondément scélérats pour voir de sang-froid de pareilles exécutions, pour y exciter le peuple par l'espoir de la béatitude éternelle, et qu'il ne s'en soit pas trouvé un seul, parmi eux, qui ait cherché à le détromper.

« Quelquefois les dévots se soumettent pour l'expiation de leurs péchés à différentes pénitences qui ne se terminent point par leur mort. Il y en a de divers genres, toujours de l'invention des prêtres. Voici comme on pratique celle du Djhampé. Les victimes des deux sexes qui s'y dévouent, se parent de fleurs rouges et se promènent dans la ville ou dans le village au son des instrumens; elles portent des fruits qu'elles jettent sur leur passage, et que les spectateurs ramassent avec un empressement religieux. Arrivées au lieu désigné, elles y trouvent des échafauds à plusieurs étages, sur lesquels elles montent, et de là se précipitent sur des matelas de paille ou de coton garnis de lames de sabres, de couteaux et d'autres instrumens tranchans. Les brahmes qui tiennent les matelas ont l'adresse de diminuer le danger en se prêtant à la chute; car ce qui importe n'est pas que les blessures soient mortelles, mais qu'elles fassent répandre beaucoup de sang. Les victimes se préparent à cette épreuve par des jeûnes et des abstinences qui durent plusieurs jours : cette précaution, dont les brahmes ont fait un précepte sacré, rend les plaies plus faciles à guérir.

« Le soir, quand le Djhampé est fini, les assistans se rendent en grande cérémonie aux pagodes. Pendant la marche qui a lieu, au son des instrumens, les pénitens ne restent pas oisifs. L'un se perce la langue avec une longue aiguille ; l'autre se la fend avec un sabre ; celui-ci se traverse les doigts avec un fil de fer. Un autre se fait sur le front, sur la poitrine et sur le dos, cent vingt blessures, nombre mystique qui est de rigueur. Enfin il y en a qui se font, au-dessus des hanches, des ouvertures dans lesquelles ils passent des cordes, des tuyaux de pipes ou des roseaux. Ce sont de véritables fous.

« Pendant que la procession avance au bruit des acclamations de la multitude, des pénitens tiennent dans leurs mains des charbons ardens sur lesquels on brûle des parfums. Cette espèce de prodige, dû sans doute à quelque préparation chimique, inconnue du peuple, excite l'étonnement et la vénération des Indous. La procession, qui dure toute la journée du lendemain, s'arrête de temps en temps pour danser devant la porte de ceux qui paient, car c'est pour expier les péchés des riches que les pauvres se tourmentent de tant de manières. Ces saintes blessures se guérissent avec autant de facilité que de promptitude; on emploie le lait pour la langue, et des simples pour les autres parties du corps.

Les tortures expiatoires se terminent

par le tcharok-poutahé ou tournoiement. Le patient est attaché à une des extrémités du levier placé au haut d'une espèce de mât, au moyen de deux crochets de fer qu'on lui enfonce dans les chairs de l'omoplate; après quoi, en pesant sur l'autre bras du levier, on l'enlève à une hauteur de trente pieds, et on le fait tourner avec rapidité, en présence d'une foule de spectateurs. Pendant qu'il tourne, il jette des cocos ou d'autres fruits que la multitude s'empresse de ramasser, ou bien il donne la volée à des pigeons. Quelquefois le poids du corps et la vitesse du mouvement font déchirer les chairs, et le patient serait en danger de se tuer en tombant. Pour prévenir cet accident, on l'attache au levier, par le milieu du corps, avec une longue écharpe de toile. On peut juger de la douleur que doit endurer le malheureux qui se fait torturer de cette manière; c'est cependant, comme toutes les autres expiations, une espèce de métier. »

Les côtes méridionales d'Orissa et une partie de celles de Golconde, démembrées des états du Nizam, du Décan, portent aujourd'hui la dénomination générale de *Circars du nord*. Ce pays est rempli de fabriques et de manufactures. L'industrie et le commerce y sont plus actifs que dans toutes les autres partie de l'Inde. La fabrication des étoffes y occupe le plus grand nombre des habitans. Tous les bras, même ceux des enfans, y sont employés, et tandis que les hommes cultivent le cotonnier ou fabriquent les mousselines, les guinées ou les mouchoirs, les femmes filent le coton, ou le préparent pour le tisser. On ne connaît pas dans l'Indostan nos fameuses machines à filature, qui, en employant moins de bras, condamnent une infinité d'individus à mourir de faim. Tout se file à un simple rouet; le fil acquiert autant de finesse, et il a, sur celui qui passe dans les filières des machines, l'avantage d'être plus fort, parce que le rouet ne l'use point comme l'acier des filières ; il est aussi plus doux, plus soyeux et plus tenace.

Le lac Chilka, dont les inondations servent à l'entretien d'immenses rizières, marque la limite septentrionale des Circars. La capitale actuelle est *Ganjam* qui possède une pagode célèbre, et ce qui vaut infiniment mieux des fabriques de toiles de coton et de sucre. Son territoire est fertile en riz, en canne à sucre, en cire et en fer. *Mazulipatam* est une ville médiocre, mal bâtie, mais très peuplée. Le commerce y est très actif. On y fabrique des toiles peintes qui sont plus estimées que celles qui sortent des autres manufactures de l'Inde, et des mouchoirs dont les riches preneurs de tabac font grand cas, tant à cause de leur finesse qu'à cause de la solidité de la teinture.

Nous ne nous sommes arrêtés que fort peu de temps dans la province de *Berar*, partagée entre différens princes mahrattes, dont la réunion forme un des plus puissans états de la confédération de ce nom. Le Berar embrasse des contrées brisées, montagneuses, coupées de défilés presque inattaquables. Mais la désunion, que les Anglais ont l'art d'entretenir entre ces princes, les met souvent aux prises les uns avec les autres, d'où il arrive que de temps en temps quelques-unes de ces principautés disparaissent. Les villes les plus remarquables sont *Ellichpour*, qui est très jolie, munie de murs, et défendue par une assez bonne citadelle; *Nagpour*, mal bâtie, mais bien peuplée, et *Ruttumpour*, place ancienne, où les amis des antiquités peuvent admirer de vieilles pagodes, des étangs négligés, des ruines de palais, et d'autres monumens dégradés.

Le *Candeich*, autre province du Décan, est fertile en coton et en indigo. *Burhampour*, grande ville, anciennement la résidence des rois du Décan, dont elle était la capitale, n'est plus aujourd'hui qu'une place très ordinaire. Cependant sa situation sur la rivière de Tapty, en rend le séjour agréable. On y fabrique encore de belles étoffes et de belles toiles. A cela près, nous n'y avons rien vu de bien remarquable. *Aurun-Gabad*, chef-lieu d'une province du même nom, était originairement appelée Karkhi, mais elle a été rebâtie par l'empereur Aureng-Zeb, qui lui a donné son nom ainsi qu'à la province. Ce monarque y faisait sa résidence; il l'avait embellie d'un superbe palais entouré de murs, et d'un magnifique mausolée, érigé en l'honneur de sa fille. La province est riche en denrées de toute espèce. On y voit des moutons sans cornes qui sont plus gros que nos ânes.

Les provinces du Décan, florissantes et peuplées lorsqu'elles étaient gouvernées par un seul chef, ont cessé de l'être à mesure qu'elles ont été divisées. *Pounah*, l'ancienne capitale des états mahrattes, et le dépôt de toutes leurs richesses, ne joue plus qu'un rôle secondaire ; elle est située sur la rivière de Muthranaddy, et près des sources du Chrichna ; les maisons y sont bâties de briques et d'argile. Le peichwa, autrefois le chef principal des états mahrattes, y fait sa résidence ; mais il n'y a ni beaux édifices, ni jardins agréables, ni même un pont pour passer la rivière, qui la traverse. *Visapour*, ou Beijapour, autrefois capitale magnifique et florissante d'un grand royaume, n'est plus que le chef-lieu d'une province du même nom. On voit au loin les ruines de ses cinq faubourgs habités par des marchands. Hâtons-nous d'arriver dans un pays plus intéressant pour des voyageurs, celui auquel les Européens ont donné le nom de royaume de Golconde, et qui cependant n'est plus qu'une province.

Hyderabad est le nom de sa capitale. Elle conserve encore de beaux restes des monumens qui l'ornaient à l'époque où elle était appelée Bag-Nagar. Cette ville très étendue n'était d'abord qu'un jardin de plaisance, où le premier roi de Golconde avait fait construire une forteresse. Ce monarque y jeta ensuite les fondemens d'une ville à laquelle il donna le nom d'une de ses femmes qu'il aimait passionnément. Elle s'appelait *Nagar*, et *Bag* veut dire jardin; de sorte que ces deux mots réunis signifient *jardin de Nagar*. Une grande rivière baigne ses murs, et se jette ensuite dans le golfe du Bengale. On la passe à Bag-Nagar, actuellement Hyderabad, sur un pont de pierre qui ne le cède ni aux plus beaux ni aux plus grands de l'Europe.

Cette capitale est bien bâtie, et peut être comparée pour l'étendue aux villes de France du second ordre. On y voit des rues grandes et belles, mais mal pavées, et toujours remplies de poussière. Son faubourg peut avoir au moins trois quarts de lieue de longueur, et a pour habitans des marchands, courtiers ou artisans, dont aucun ne demeure dans la ville. Ils y viennent pendant le jour pour leurs affaires, mais ils se retirent au coucher du soleil. La ville n'est guère peuplée que de personnes de qualité, d'officiers du nizam ou soubah, de gens de guerre, de gens de justice, etc. Il y a, dans le faubourg, plusieurs temples ou mosquées considérables, et des caravanserais pour les voyageurs.

On voit à deux lieues de Bag-Nagar une forteresse appelée Golconde. C'est là que le soubah fait sa résidence ordinaire, dans un palais magnifique. Ce lieu pourrait passer pour une grande ville, car on lui donne jusqu'à deux lieues de tour. Les grands y ont des hôtels, les prêtres des mosquées, les étrangers des caravanserais, les anciens rois leurs tombeaux, et tous ceux qui sont attachés au service du palais, leurs maisons et leurs logemens. On y arrive de Bag-Nagar, aujourd'hui Aurungabad, par une grande rue qui aboutit à la place où est situé le palais. Tout ce qui est ailleurs en fer, est d'or ou doré dans ce superbe château, dont la richesse surpasse celle des plus beaux palais de l'Orient. On y voit, sur des terrasses qui servent de toits aux appartemens, des jardins plantés de grands arbres, et suspendus comme on nous représente ceux de la fameuse Sémiramis. Dans un des plus beaux endroits de la ville, on nous montra un temple commencé depuis plus d'un siècle, et qui probablement ne sera jamais achevé. En le voyant, je pensai au Louvre et à l'église de la Madeleine, et je me suis dit : ce n'est pas seulement en France qu'on laisse imparfaits les plus beaux monumens.

Dans un autre endroit, nous remarquâmes de grands étangs, sur lesquels étaient des barques très ornées, et que l'on nous a dit être à l'usage du soubah, qui aime les promenades sur l'eau. A trois lieues de la capitale, nous sommes allés voir une mosquée qui renferme quelques tombeaux des rois de Golconde. Anciennement on y distribuait, chaque jour, du pain et du riz à tous les pauvres qui se présentaient.

Ce qui distingue la province d'Hydérabad des autres contrées de l'Asie, c'est la richesse de ses mines de diamans. Nous visitâmes celle de Colour, qui n'est qu'à quelques journées de la capitale. On en attribue la découverte au hasard qui, au reste a produit cet effet dans tous les temps, et à qui nous devons presque toutes nos jouissances. Celui qui a la direction des mines, nous a raconté qu'un berger, conduisant son troupeau dans un lieu écarté, aperçut une pierre qui jetait de l'éclat. Il la ramassa et la vendit pour un peu de riz, à quelqu'un qui n'en connaissait pas la valeur. Elle passa ensuite en d'autres mains, et tomba dans celles d'un marchand qui en tira un grand profit.

Cette découverte fit du bruit, et chacun s'empressa de fouiller dans l'endroit où le diamant avait été trouvé. Ces recherches ne furent point infructueuses; les mines étaient abondantes, elles sont devenues les sources les plus fécondes des richesses de l'état, et la partie la plus considérable du domaine du prince. Nous y arrivâmes par un pays désert, stérile et plein de rochers. L'endroit le plus aride, le plus inculte, le plus sauvage, est précisément celui où la nature a étalé le plus de richesses, si toutefois on peut donner ce nom à des objets qui n'ont qu'une valeur de convention, et qui sont de l'inutilité la plus absolue à la vie.

On cherche les diamans dans les veines de ces rochers, où ils sont mêlés avec une terre sablonneuse, ordinairement rouge, et nuancée de blanc et de jaune. Si ces veines disparaissent, on brise la roche avec des pieux, pour en chercher la trace, mais les diamans en sont quelquefois endommagés. C'est dans les mines de Golconde, c'est-à-dire à Kaolconde et à Colour, que se fait le plus grand commerce de diamans. Les marchands s'y rendent de toutes les parties de l'Inde. La vente s'en fait publiquement, et, pour éviter la fraude, un officier public y préside. Il est chargé de peser tous les diamans, et les marchands s'en rapportent à son témoignage.

Outre les diamans qui occupent une multitude d'individus employés à leur exploitation, le pays produit aussi beaucoup de cristal et d'autres pierres transparentes, telles que des grenats, des saphirs, des améthistes, des topazes et des agates. C'est surtout dans ces contrées que se trouve le plus parfait *bezoard*, qui passe pour un excellent contre-poison. Ce n'est autre chose qu'une pierre qui se forme, en plusieurs endroits de l'Asie, dans le corps de quelques animaux, vaches, chèvres et singes d'une certaine espèce. Celui que l'on trouve dans les rochers pèse jusqu'à dix-sept à dix-huit onces, mais il n'est point estimé. On préfère celui des chèvres qui a plus d'activité; mais celui des singes l'emporte sur les deux autres. Il a tant de force que deux de ses grains ont plus de vertu que six de celui des chèvres, dont on se sert ordinairement; mais l'espèce de singe dans lequel il se forme est peu commune, et cette sorte de bezoard est conséquemment très rare.

Ces bezoards sont petits et longs; il en est de toutes sortes de figures. La couleur est aussi différente; il s'en trouve de noirs, de cendrés, de jaunâtres; mais, pour l'ordinaire, ils sont d'un gris obscur, ou d'un vert foncé. La pierre est composée de petites couches ou enveloppes polies et luisantes, qui sont les unes sur les autres, comme dans les oignons, et qui se terminent à une petite cavité, dans laquelle on trouve un pouce de poudre de la même substance que la pierre, et quelquefois des pailles, des brins d'herbe, des graines, des morceaux de bois, et de petits cailloux qui ont donné lieu à la production de la pierre, et en ont été la base. On dit que les Portugais de Goa, qui sont toujours en garde contre les empoisonnemens, font beaucoup usage de cette pierre.

Après avoir visité les mines de diamans, nous retournâmes à Masulipatan, où nous restâmes quelques jours pour faire plaisir à d'aimables Français qui nous y donnèrent plusieurs fêtes dans les jardins hors de la ville, puis nous nous rendîmes à *Madras*, aujourd'hui capitale de tout le pays, connu sous le nom de Carnatic, et dont les Anglais se sont emparés. Madras est le siége d'une présidence et d'un gouverneur. Elle se divise en deux cités: la *blanche*, qui est assez bien bâtie, et la *noire*, dont la plupart des maisons ne sont que de pauvres cabanes, construites de terre cuite au soleil, et couvertes de paille. La première est habitée par des Européens; la seconde par des Indiens, dont la couleur a donné le nom à la ville où ils demeurent. Leurs maisons n'ont point de fenêtres, et l'on n'y voit d'autres meubles que des nattes qui servent de siéges et de lits. Les maisons des plus riches négocians n'ont pour fenêtre qu'une petite lucarne qui n'a point de vitres.

La cité noire est plus grande et plus peuplée que la cité blanche, car outre les Indiens, on y voit aussi des Portugais, des Arméniens, des Arabes et des Juifs, qui tous y jouissent d'une grande liberté. Chaque religion y a son temple ou son église. Les Indiens ont conservé leurs anciennes pagodes, desservies par des brahmines et par de jeunes filles, dont les principales fonctions sont de chanter les louanges de leurs dieux, et de se prostituer, sans distinction de pays, à tous ceux qui se présentent. Les gouverneurs de Madras avaient anciennement à leurs gages un grand nombre de ces chanteuses, qui marchaient devant eux toutes les fois qu'ils se montraient en public. Cet usage, introduit par la vanité et la sottise, a été aboli par des gouverneurs subséquens, qui avaient assez de mérite pour n'avoir pas besoin de cette ridicule représentation.

Madras ne contient guère moins que cent mille habitans. Son commerce est si florissant qu'il est peu de villes qui rassemblent autant de richesses, et où l'argent soit plus commun. C'est dans la cité blanche que se trouve la citadelle appelée le *fort Saint-George*. Le gouverneur y a son palais. C'est un édifice vaste et somptueux qui sert aussi de logement au directeur de la Compagnie des Indes, et à quelques autres officiers. Les Indous de Madras s'accoutument très bien avec les Anglais, et ne sont pas fâchés que leurs enfans servent dans les troupes du gouvernement britannique; ils mettent beaucoup de zèle à apprendre la langue et le commerce de cette nation. Il y a dans la ville une école publique où l'on instruit tous les jeunes

gens qui se présentent. On leur enseigne
à lire, à écrire et à calculer. Les malades
sont bien traités dans les hôpitaux, et les
pauvres trouvent dans des fondations particulières de quoi fournir à leur entretien.
Les administrateurs sont chargés de la
tutelle de tous les orphelins de familles
riches dont ils font valoir les biens jusqu'à
leur majorité.

Le gouverneur de Madras, les directeurs du commerce, les officiers du conseil, et ceux qui sont employés au service
de la Compagnie, n'ont que de modiques
traitemens; mais ils ont tant d'occasions
de s'enrichir par le commerce que ces places sont toujours fort recherchées. Il n'est
pas jusqu'aux aumôniers qui desservent les
chapelles, qui, sans oser faire le commerce
ouvertement, n'aient des ressources secrètes pour amasser des sommes considérables. Ils retournent ensuite en Angleterre, et y achètent des évêchés qui leur
donnent droit de séance dans la cour des

pairs. Le gouverneur de Madras est le chef du conseil souverain qui a la direction de toute la Compagnie, dispose de tous les emplois, et juge en dernier ressort toutes les causes civiles et criminelles qui concernent les Européens; d'où l'on peut conclure qu'elles sont pour la plupart très mal jugées, car il n'y a pas moyen de penser qu'un gouverneur, quelque habile qu'il soit, ait la science universelle. Dans la cité noire, il y a des magistrats particuliers pour les Indous.

Rien n'est plus frappant que la vue de Madras lorsqu'on y arrive par mer. Un terrain bas et sablonneux qui s'étend à perte de vue au nord et au sud, un petit nombre de collines que l'on aperçoit à une grande distance dans l'intérieur, font supposer que l'on ne trouvera en débarquant qu'un sol nu et stérile; mais dès qu'on arrive sur la rade, la ville et la citadelle apparaissent comme par enchantement; le rivage est couvert de gens de toutes les couleurs, et dont les mouvemens vus de loin feraient croire que la terre elle-même est animée. Les magasins et d'autres bâtimens publics qui bordent la plage sont de beaux édifices soutenus par des voûtes rustiques, et dont l'étage supérieur est orné de colonnes. Ils sont revêtus de stuc qui est poli et devient aussi dur que le marbre. Le fort Saint-Georges, avec ses lignes et ses bastions, l'hôtel du gouvernement et ses jardins dans le fond du mont Saint-Thomas, forment un tableau magnifique, encore embelli, de distance en distance, par les tours des pagodes qui s'élèvent du milieu des jardins.

A Madras, tout le monde vit à la campagne. Les bureaux du gouvernement et les comptoirs des négocians sont dans la ville ou dans le port; les hommes y viennent pendant le jour, le soir, ils retournent dans leurs familles. L'architecture des maisons est élégante; les portiques et les verandas sont soutenus par des colonnes en stuc; les murailles sont aussi revêtues de cette substance, tantôt blanche, tantôt colorée; les planchers sont couverts de nattes de rotin. On parvient ainsi à rendre les maisons aussi fraîches qu'il est possible. Elles sont ordinairement entourées d'un champ planté d'arbres et d'arbustes; les fleurs et les fruits n'y viennent que difficilement. Pendant la durée des vents chauds, on place aux portes et aux fenêtres des tâts, sorte de nattes faites avec la racine du cousa, qui a une odeur agréable. On les arrose constamment, de sorte que l'air, en passant à travers, répand dans toute la maison une fraîcheur et une odeur également douces. Les environs de Madras sont généralement agréables; on y voit de très jolis villages dont la nature seule paraît former tout l'agrément. Les cabanes éparses, la simplicité de ceux qui les habitent semblent, tenir quelque chose des sociétés primitives.

Méliapour est le premier endroit où

nous nous arrêtames au sortir de Madras. Cette ville était la capitale du royaume de Coromandel, lorsque les Portugais s'en emparèrent sous le commandement de Gama. Surpris d'y trouver des chrétiens qui se disaient descendans de ceux qu'avait convertis Saint Thomas, ils bâtirent près de là une cité, lui donnèrent le nom de cet apôtre, et l'appelèrent, en leur langage, *San-Thomé.* La tradition porte en effet que ce saint y a prêché l'Évangile, qu'il a scellé par l'effusion de son sang. Cette ville a souvent changé de fortune et de souverains. La forteresse a été détruite et les matériaux ont servi à la construction de celle de Madras. San-Thomé s'étendit avec le temps jusqu'à Méliapour, et l'on s'accoutuma à regarder ces deux villes comme une seule qui n'est guère connue aujourd'hui que sous son dernier nom.

Méliapour n'est plus maintenant qu'un bourg, on y fabrique beaucoup d'étoffes de coton blanches et peintes. Les environs sont charmans, et abondent en cocotiers. Le chemin entre San-Thomé et madras est une des plus belles routes de l'Inde. On y rencontre sans cesse des palanquins de toute espèce, des voitures traînées par des buffles, des hommes à cheval, des éléphans. Sur les deux côtés, il y a des maisons, des jardins, des tentes et des boutiques de comestibles. A quelque distance de là s'élève le mont San-Thomé, où les chrétiens, les Indous et les mahométans font des pélerinages, et où se trouve la forteresse de *Poudamala*, avec un jardin de botanique appartenant à la Compagnie anglaise.

Nous continuâmes notre route jusqu'à Pondichéry, ville dont le nom est presque aussi connu des Français qu'aucune des provinces du royaume. Cette fameuse place de mer, autrefois le chef-lieu des possessions françaises dans l'Inde, renferme beaucoup de belles maisons bâties à l'européenne, et plusieurs églises, parmi lesquelles on distingue celle des missions. La rade est bonne ; on n'y éprouve point ces ouragans qui ravagent la côte de Coromandel à l'époque du changement des moussons. On comptait anciennement à Pondichéry plus de cent mille habitans, chrétiens, mahométans ou idolâtres.

Le plan de cette ville est carré et a plus d'une lieue de circuit. Quoique bâtie en différens temps, elle est aussi régulièrement disposée que si on n'avait mis aucun intervalle dans sa construction, ce qui prouve le soin qu'ont eu les gouverneurs à marquer le terrain à chaque particulier et à le bien diriger. Les rues en sont tirées au cordeau ; la principale a une demi lieue de long, et toutes sont d'une assez belle largeur. Les maisons sont contigues et n'ont qu'un étage. Celles des Européens sont bâties en brique, les autres de terre glaise cuite au soleil, et enduites d'une espèce de chaux de coquilles d'huîtres calcinées. Leur longueur ordinaire est de huit toises sur six de large, et elles servent d'habitation à plus de vingt personnes. Les cours sont plantées d'arbres, à l'ombre desquels des ouvriers fabriquent de fort belles toiles. C'est dans ces mêmes cours ou sur les plates-formes qui servent de toits aux maisons, que les Indiens passent la nuit, couchés sur une simple natte, et presque nus. Pondichéry étant sous la zone torride, non-seulement il y fait extrêmement chaud, mais par un phénomène des plus singuliers de la nature, il n'y pleut que sept à huit jours au plus dans l'année, ce qui arrive régulièrement à la fin d'octobre.

La principale maison de Pondichéry est celle du gouverneur. De l'autre côté est un grand bâtiment où logeaient les princes étrangers et les ambassadeurs. Il est accompagné d'un jardin planté de belles allées d'abres. On voit aussi dans cette ville de vastes magasins et six grandes portes. On regrette qu'une place aussi belle n'ait point de port ; car, bien que la rade soit bonne, il n'est pas commode de porter ou d'aller chercher les marchandises dans des bateaux à la distance d'une lieue. Rien n'y manque d'ailleurs du côté de l'aisance et de la douceur de la vie; on y fait bonne chère à très bon marché. Les herbes potagères y croissent difficilement, mais les fruits, autres que ceux d'Europe à la vérité, mais excellens, y sont en abondance. Cette ville fondée en 1674, et dans laquelle la Compagnie française des Indes a fait des dépenses énormes, a été assez long-temps en la possession des Anglais qui ne manquent jamais de s'emparer de toute place à leur bienséance, mais elle a été rendue à la France en 1814, ainsi que les autres comptoirs et établissemens sur la côte, avec la condition que cette puissance ne ferait aucune fortification dans ces établissemens, et n'y mettrait que le nombre de troupes nécessaires pour la police. Une pareille condition n'a pas besoin de commentaire.

En continuant la côte, nous avons gagné Tranquebar, l'une des villes du royaume, devenue province anglaise, de Tanjour. C'est une place de mer, autrefois chef-lieu des possessions danoises dans l'Inde. On y remarque un port assez bon, un fort appelé *Dansbourg*, des pagodes, des églises, et une mosquée. De là nous nous rendîmes à Négapatam, place de mer, qui possède une bonne rade, d'où l'on exportait annuellement une grande quantité d'étoffes de toutes espèces. Enfin rentrant dans l'intérieur, nous avons visité *Tanjour*, capitale de la province de son nom. C'est une ville grande et forte, située entre deux bras de la rivière de Cavery. Elle est entourée d'un fossé où se trouvent un grand nombre de crocodiles ; on y remarque un petit faubourg construit et administré d'après les usages européens, lequel a été fondé par une mission luthérienne danoise.

L'état le plus voisin de Tanjour est le

royaume de *Maduré* ou *Madura* qui, ainsi que tout le territoire connu sous la dénomination de Carnatic, fait maintenant partie des possessions anglaises. La capitale aussi appelée Madura, est une ville considérable, située dans une contrée charmante, baignée par la rivière de Weiarru. Elle possède des restes de beaux édifices, entre lesquels on remarque quelques pagodes, et surtout un vaste palais, résidence ordinaire des rois de Maduré. Parmi les autres villes de cette contrée que nous avons visitées, on distingue *Tritchinapoly*, grande ville, forteresse et place d'armes, entourée de vastes fossés, et dont les environs fournissent des pierres précieuses; et *Seringham*, située dans une île du Cavery. Cette ville, réputée sacrée, renferme une pagode fort ancienne, et d'une construction très remarquable; elle est entourée de sept murs carrés.

Le Maduré possédait encore, sur la côte, *Ramisséran*, dans une île du même nom, ville où l'on voit une pagode fameuse par les pélerinages qu'attire son antique renommée. Le dieu Rama est censé l'avoir élevée lui-même, lorsqu'il revint, après avoir vaincu Ravan, roi des géans qui habitaient alors l'île de Ceylan. C'est dans cette expédition qu'il rétablit momentanément, par un miracle, l'isthme ancien qui a dû joindre Ceylan à l'Inde, et dont une chaîne d'îles, d'îlots et de rochers contigus semble être le reste, dans l'opinion des crédules Indous. Ils appellent ces récifs *pont de Rama*, dénomination qui a été changée par les Arabes en celle de *pont d'Adam*.

J'allais oublier de vous parler de l'empire de Mysore, qui, bien que peu de chose, aujourd'hui qu'il est une simple province, a joui quelque temps d'une assez grande importance. Ce n'était avant le dix-septième siècle qu'un très petit état; mais il parvint depuis à une puissance considérable, qui ne fut diminuée que par les conquêtes d'Aureng-Zeb. Dans le dix-huitième siècle Hyder-Aly et son fils Typpo-Saëb, en reculèrent les limites, et lui donnèrent un nouveau lustre qui ne fut que passager. Cet état, et surtout les richesses que ces princes y avaient accumulées convenaient aux Anglais, dont le crédit public basé sur une monnaie fictive, avait besoin d'être rehaussé. Cette nation ambitieuse, dans une guerre qu'elle trouva le moyen de susciter, vainquit Tippo-Saëb, et lui ôta une partie de ses états. Les revenus, de ce sultan qui s'élevaient à environ soixante millions de francs, furent réduits à moitié. Le reste fut partagé entre les Anglais, les Marattes et le Nizama. Une nouvelle guerre donna lieu à de nouvelles conquêtes sur le Mysore en 1799 et 1800. Tippo, les armes à la main, s'ensevelit sous les ruines de sa capitale, dont la trahison avait ouvert les portes aux Anglais, qui devinrent maîtres de tous les états et des richesses du prince vaincu, et plongèrent ses enfans dans une prison, où sans doute ils n'ont pas tardé à trouver la mort.

La capitale de cet état, aussi nommée *Mysore*, est une ville forte, située sur un canal de la rivière de Kabany. Elle est le lieu de résidence d'un prince indien d'une dynastie détrônée par Hyder-Aly, et devenu vassal des Anglais. La place à laquelle les conquérans ont donné la préférence pour en faire le chef-lieu de leurs possessions mysoriennes, est appelée *Seringapatnam*, ville très forte par la nature de sa situation dans une île du Cavery. Elle renferme de superbes pagodes, un beau palais, et d'autres édifices remarquables. Auprès de la ville s'élève le magnifique mausolée d'Hyder-Aly, de Tippo-Saëb et de sa mère. Sous le règne de Tippo, Seringapatnam renfermait des trésors immenses, une grande bibliothèque, et d'autres objets très curieux, dont une partie a été transportée en Angleterre.

La plupart des autres villes méritent également d'être visitées. Celle de *Magry* est une place forte remplie de pagodes, d'hôtelleries publiques, et de monumens d'architecture et de sculpture indienne. *Bengalore,* ville ancienne et bien fortifiée, renferme de beaux édifices parmi lesquels on distingue les palais bâtis par Tippo-Saëb. Les jardins sont vastes, divisés en carrés, séparés par des allées et embellis par des cyprès. Les raisins, les pommes et les pêches y sont cultivés avec succès, et la vigne donne de belles récoltes. Nous n'avons pas quitté le Mysore sans voir *Chinapatnam*, place munie d'une citadelle. On y compte mille maisons ; mais les seuls objets remarquables sont des fabriques de verre et de fil d'acier. A l'extrémité septentrionale est *Chitteldroog*, ville extrêmement forte, bâtie sur un rocher à cinq pointes, élevé d'environ seize cents toises.

LETTRE XVII.

INDE EN-DEÇA DU GANGE. — Bombay. — Goa. — Calicut. — Cochin.

La place la plus importante que nous visitâmes, après avoir parcouru les provinces de Mysore, est *Bombay*, sur la côte occidentale de la péninsule. Cette ville, qui appartient aux Anglais, renferme, m'a-t-on dit, plus de deux cent mille habitans, dont les Européens ne forment que la plus petite partie. Des Parsis, des mahométans, des juifs et des Indous y composent la masse de la population, qui, surtout dans la ville noire, est étonnante. La foule est si grande qu'on a peine à concevoir comment les voitures traînées par des bœufs, et les équipages de riches Indous, dont les chevaux sont très vifs, peuvent traverser les rues sans causer d'accident.

Les maisons des Indous opulens sont entourées de galeries qui les mettent à l'abri des rayons d'un soleil brûlant, et des pluies abondantes de la mousson. Ces galeries sont ordinairement peintes en feuillages, et en fleurs vertes et rouges ; on y voit souvent représentés des sujets de la mythologie. Les maisons sont pour l'ordinaire très grandes, et propres à contenir une grande famille, car les enfans mâles, même lorsqu'ils sont mariés, ne cessent pas d'habiter la maison de leur père, jusqu'à ce que leur nombre les force à se séparer. Les gens du commun n'ont pour toute demeure que de petites cabanes de terre, couvertes d'une natte faite de feuilles de palmier ou de cocotier. Il y a de ces cabanes si étroites qu'un seul homme peut à peine s'y coucher étendu.

dans toute sa longueur. Elles sont assez souvent entourées d'un petit jardin où l'on cultive des plantes potagères, des bananiers et quelques cocotiers, véritable richesse des habitans.

Le palanquin est la voiture que l'on emploie le plus communément pour parcourir la ville et les environs. C'est une espèce de carrosse sans roues, avec des fenêtres et des portes à coulisses; on peut s'y tenir debout ou couché. Les hommes qui les portent, et que l'on nomme hamâls, n'ont d'autre vêtement qu'un mouchoir autour de la tête, et un morceau de toile autour des reins. Le reste du corps est absolument nu, ce qui s'aperçoit à peine, parce que leur peau est si différente de celle des Européens qu'elle paraît un habillement brun aux yeux de quiconque n'y est pas accoutumé. Ces hamâls viennent du pays des Marates. Ils sont de la caste des soudres. Ce sont des hommes forts et robustes. Ils sont honnêtes et probes si on leur témoigne de la confiance; dans le cas contraire, ils voleront volontiers sans le moindre scrupule.

Dans une promenade que nous fîmes à Sion, à trois lieues de Bombay, nous vîmes le célèbre figuier des Indes ou des Banians. Une foule d'Indous tournaient autour de cet arbre en signe de respect, et répandaient au pied de la poudre rouge et jaune avec des fleurs. Nous vîmes aussi des pierres rangées avec ordre, sur lesquelles on a sculpté des figures de divinités secondaires. On voit au temple de Monbadevi de prétendus saints ou pénitens, jeunes, très gras et poudrés de cendres, les cheveux tressés et fort sales.

On emploie dans l'Indostan une foule de domestiques beaucoup plus nombreuse qu'en Europe. Un équipage est toujours précédé de deux porte-flambeaux et de deux palefreniers. Une maison, en l'absence des maîtres, est toujours gardée par des hommes qui se promènent dans la galerie, et qui se relèvent alternativement toutes les vingt-quatre heures. Ces individus font les messages, vont au marché, suivent les meubles quand on déménage, mais ne portent jamais la moindre chose qui pèserait plus qu'un petit livre. Les femmes de chambre sont Portugaises ; les hommes font tous les autres services du ménage, même les ouvrages à l'aiguille.

Indépendamment des hamâls ou porteurs de palanquin, on a des domestiques qui font les lits, balayent, nettoient les appartemens et les meubles, et vont chercher de l'eau ; dans les cas de nécessité, ils aident les hamâls. Les ouvrages les plus bas se font par un chandela, paria du rang le plus vil ; il vient deux fois le jour. Celui-ci peut laver les couteaux, emporter les os et les balayures, ce que ne ferait pas un autre, qui se croirait déshonoré s'il portait des paquets d'une grosseur à le faire prendre pour un porte-faix.

Les charpentiers, les forgerons, les maçons, sont ici fort habiles; la pierre de taille est très commune dans l'île de Bombay, cependant on se sert beaucoup de briques. La chaux se fait avec des coquilles que l'on brûle; on la nomme Tchénam. Les outils propres à charpenter sont si grossiers, le bois si dur, qu'on est étonné du fini que l'ouvrier donne à son travail. Presque tout se fait avec le ciseau et la hache; la vrille est un vilebrequin; le rabot est petit et manié par deux ouvriers; ils n'ont pas d'établi; le morceau de bois à façonner est placé à terre, et les deux Indiens assis mettent à la besogne. Le forgeron travaille également assis; il place son enclume dans un creux, sur le bord duquel il se pose, et dans lequel il met ses jambes. Un Indien ne fait pas autant d'ouvrage dans sa journée qu'un Européen; mais la multitude des bras, et le peu de cherté des vivres, font que les travaux se font à bon marché.

Le bazar, quand on le traverse le soir, rappelle les *Mille et une Nuits*. Le devant des boutiques est ouvert et converti en bancs, sur lesquels sont étalées les marchandises; chaque boutique est éclairée de plusieurs lampes, et la variété des objets qui s'offrent à la vue forme le plus agréable coup-d'œil. Le marchand est assis au milieu et attend les chalands. Les boutiques des banquiers sont nombreuses. Le maître, entouré de tables couvertes de monnaie d'argent et de cuivre, est assis une balance à la main, pesant les roupies, et autres pièces que l'on veut changer. C'est surtout aux boutiques des barbiers que la foule se rassemble, principalement dans la nuit, pour raconter ou entendre des nouvelles. Les barbiers, gens enjoués et spirituels, observent les jours de fête des Indous, des juifs, des musulmans, des Arméniens, des Portugais, des Anglais, et, par leur manière de mendier, font une abondante récolte à chacune de ces fêtes.

En arrivant à Bombay, nous avons cru qu'on ne dormait pas la nuit dans cette ville. Car, outre les chaudronniers et les forgerons qui, généralement choisissent ce temps pour travailler, et dorment le jour à cause de la chaleur, des processions se promènent depuis le coucher du soleil jusqu'à son lever. Elles sont accompagnées de timbales, de guitares, de hautbois, de flûtes et de grandes trompettes portées par deux hommes, ce qui fait un horrible vacarme. Ces cortéges, les costumes pittoresques des gens du pays, leurs attitudes peu gracieuses, les enfans portant des torches, les jeunes gens jouant d'une double flûte, et extravaguant comme des satyres, rappellent les anciennes bacchanales. Ces fêtes nocturnes ont particulièrement lieu à l'époque des mariages. Lorsqu'elles se font le jour, c'est en l'honneur d'un dieu dont l'image est promenée triomphalement en litière, précédée et suivie de bannières.

La plus belle procession que nous ayons

vue, est celle qui se fait à la fin de la mousson, lorsque la mer redevient libre. On l'appelle la fête des cocos, et je crois qu'on ne la célèbre que sur cette côte. Une heure avant le coucher du soleil, une foule immense était rassemblée sur l'esplanade, où l'on avait dressé des tréteaux garnis de toutes sortes de marchandises. Les riches Indous, couverts de perles et de bijoux parurent dans leurs équipages. Au coucher du soleil, un des principaux brahmes s'avança sur une pointe de rocher, et lança un coco doré dans la mer, comme un signe qu'elle était rendue à la navigation. A l'instant, des milliers de cocos couvrirent la surface de l'Océan ; chaque prêtre et chaque famille s'empressèrent de faire leur offrande. La soirée se termina par des danses, de la musique, des tours d'adresse. Les sauteurs viennent d'Hyderabad, les bateleurs, de Madras. L'agilité, la souplesse et la force des sauteurs, notamment des femmes, est étonnante. D'autres jongleurs font danser des serpens. Le reptile apprivoisé se dresse sur sa queue au son d'un flageolet, s'avance, se retire, siffle et fait semblant de mordre, au commandement de son maître, qui a eu la précaution de lui arracher les dents. Cette espèce de serpens est en grande vénération chez les Indous, qui tous les ans font une fête et une procession en son honneur.

Les Parsis composent la classe la plus riche des habitans de Bombay. Ils vinrent se réfugier dans l'Indostan, lorsqu'au septième siècle, leur pays fut envahi par les mahométans. On leur accorda un lieu pour l'exercice de leur religion, un autre pour leur cimetière. On leur concéda des terres; ils se conformèrent aux usages des Indous pour les mariages et l'habillement; ils ne portèrent point d'armes, et s'abstinrent de tuer et de manger de la vache. Les Parsis sont gouvernés par leur pendjaït, ou conseil, dont les membres furent d'abord élus par le peuple et confirmés par le gouvernement. Dans la suite, ils sont devenus héréditaires, et n'en soignent pas moins scrupuleusement les intérêts de leur communauté. Le conseil se croirait déshonoré si un Parsis, dans la détresse, réclamait le secours d'une personne d'une autre religion. Dès que les enfans d'un homme pauvre sont en état de se marier, les principaux négocians souscrivent une somme suffisante pour les doter. En cas de maladie, ils subviennent aux besoins de celui qui souffre, et à ceux de sa famille. Les veuves et les orphelins sont sûrs de trouver des secours dans les riches Parsis.

L'île d'*Elephanta* et les cavernes merveilleuses, qui en font l'ornement, appelaient vivement notre curiosité. Cette île forme une montagne à double sommet et entièrement boisée. En face du lieu de débarquement est l'éléphant colossal en pierre qui a déterminé le nom que les Portugais ont donné à l'île. La statue est mutilée et crevassée. Il est probable qu'elle a été taillée sur place, car le rocher est trop gros pour pouvoir être transporté. Après avoir traversé un village nommé, comme l'île Gharipouri, par les Indous, nous avons gravi la montagne par des sentiers pittoresques, tantôt ombragés par des arbres, tantôt resserrés entre des rochers. Tout à coup nous aperçûmes la caverne, dont l'obscurité nous frappa d'abord assez désagréablement. Mais en avançant, les objets devinrent plus distincts, et nous pûmes contempler la vaste salle dans laquelle nous nous trouvions. Son entrée a cinquante-cinq pieds de large, et dix-huit de hauteur; elle est soutenue par d'immenses piliers taillés dans le roc; leurs chapiteaux ont la forme d'un coussin aplati, serré par un lien très mince. Ganéza et d'autres divinités inférieures sont assises autour du piédestal. Les parois de la caverne offrent des personnages mythologiques en sculpture. La partie qui est en face de l'entrée est la plus remarquable. Au centre on voit les bustes des principales divinités ; leur dimension est colossale. Les figures des divers autres dieux sont multipliées à l'infini; plusieurs sont gigantesques, et rappellent la statue de saint Christophe qui se voyait anciennement dans la cathédrale de Paris.

A droite de l'entrée de la caverne est une salle carrée avec quatre portes supportées chacune par huit figures colossales. Elle renferme la statue gigantesque de Mahades. Tout est taillé dans le roc, de même que le reste de la caverne. On trouve une chambre semblable dans un souterrain plus petit et plus reculé dans lequel on entre par un coin de la grande caverne. On voit à chaque extrémité une chambre de bain, dont l'une est ornée de riches sculptures. On remarque avec peine les effets du fanatisme portugais tracés sur les colonnes et les sculptures de la caverne, la plupart défigurées. La terre est jonchée de débris de statues; des colonnes sont sans base et suspendues à la voûte, d'autres, dénuées de chapiteaux ou fendues en deux, menacent de se détacher de la montagne qu'elles soutenaient.

Quelques jours après notre retour à Bombay, nous avons trouvé une occasion de nous embarquer pour Goa. Jaloux de visiter cette ville célèbre, nous ne prîmes que le temps nécessaire pour faire nos préparatifs de départ, et nous y sommes arrivés sans qu'aucun contre-temps nous ait éloignés de la côte. La ville de Goa est située dans une île qui a neuf ou dix lieues de circuit. Cette île est formée par les deux bras d'une rivière qui, après s'être réunis, se jettent dans la mer, et donnent à Goa un des plus beaux ports de l'univers. Dans le petit espace que l'île renferme, on trouve des collines, des plaines, des bois, des canaux, des sources d'une eau excellente, une ville superbe, des bourgs et des villages considérables. Du haut des collines, on découvre toute l'île, la mer, la terre ferme qui l'environne, et cette vue est de la plus grande beauté. On y voit une infinité de vergers bien plantés, fermés de murailles, qui servent de promenades aux Portugais; les arbres et l'herbe y conservent toute l'année leur verdure. Près de la ville est un étang de la longueur de plus d'une lieue, sur les bords duquel les personnes riches ont des maisons agréables, élevées parmi une infinité de palmiers et de cocotiers, et des jardins remplis de toutes sortes de fruits. On découvre, en entrant dans le port, deux péninsules qui lui servent en même temps de rempart et d'abri.

Les Portugais, devenus maîtres de cette île par suite de la conquête de l'amiral Albuquerque, considérèrent la bonté du pays et la situation heureuse de la place, et en firent la clef de tout le commerce d'Orient et le premier marché des Indes. Dès-lors cette ville devint fameuse et opulente. Goa s'élève en amphithéâtre au-dessus d'un bras de la rivière, dans un terrain inégal où l'on compte jusqu'à sept collines. Sa longueur a plus d'une demi-lieue, sur un quart de largeur ; mais ses murs qui embrassent quantité de jardins ont plus de quatre lieues de circonférence. Elle est inaccessible du côté de la rivière, à cause des fossés qui la défendent. Une simple muraille qui l'environne de l'autre côté ne la garantirait pas contre ceux qui seraient maîtres de l'île, mais toute la confiance des Portugais est dans la difficulté des passages, car le pays est rempli de montagnes.

Entre la ville et la rivière on a ménagé trois grandes places. La première, qui est un carré long d'environ huit cents pas sur deux cents de large, a deux portes pour entrer dans Goa, et quelques terrasses bordées d'artillerie. C'est là que sont la monnaie, la fonderie de canons, le magasin des ferremens, et la maison du commandant, bâtie sur une des portes. On travaille continuellement dans cette place sans égard pour les dimanches et les fêtes; on oblige seulement les ouvriers à entendre la messe. Le commandant peut, de sa galerie, voir tout ce qui se passe dans cet endroit et sur la rivière.

La seconde place, qui porte le nom de *Sainte-Catherine*, patronne de la ville, parce que c'est le jour de cette fête que les Portugais s'en rendirent maîtres, a aussi plusieurs portes et plusieurs terrasses garnies de canons. Elle est principalement remarquable par *l'hôpital royal*, que la beauté de l'édifice ferait prendre pour un vaste palais sans l'inscription placée sur les portes. Cette maison, composée de plusieurs salles, chambres et galeries, peut loger plus de deux mille malades. Les deux plus belles pièces sont la cuisine et l'apothicairerie; l'une et l'autre, pourvues de tout ce qui est nécessaire aux besoins de ceux qui habitent l'hôpital. Le bâtiment est situé sur le bord d'une rivière.

La troisième place, appelée *place des Galères*, sert d'arsenal pour la construction de ces bâtimens. Ses avenues sont exactement gardées du côté de la rivière, parce que c'est là que se trouve la principale porte de la ville, et qu'on embarque les marchandises qui doivent être transportées en Portugal. Cette porte est ornée d'armes et de peintures qui représentent les guerres et les conquêtes des Portugais dans l'Inde; elle tient au palais du vice-roi. Ce dernier édifice est vaste et somptueux avec une grande place où la noblesse s'assemble, lorsque le vice-roi doit sortir en cérémonie. Dans une salle très spacieuse, on nous fit voir des tableaux où sont représentées toutes les flottes qui ont fait le voyage du Portugal aux Indes, avec les noms des amiraux et des capitaines. Dans une, qui est celle du conseil, nous vîmes les portraits au naturel de tous les vice-rois qui ont gouverné les possessions portugaises dans l'Inde.

Cet édifice est bâti à l'européenne, comme tous les autres palais et maisons des grands seigneurs. En sortant de chez le vice-roi, on entre dans la plus belle rue de Goa, que l'on appelle la *rue droite*, et qui peut avoir quinze cents pas de long. Elle est bordée des deux côtés de boutiques de joailliers, d'orfèvres, de banquiers et des plus riches marchands portugais, italiens, allemands, qui se sont établis dans les Indes. Cette belle rue est coupée par une grande place environnée de bâtimens considérables, tels que la maison de ville, le palais de l'archevêque, le tribunal de l'inquisition, etc., et elle est terminée par la superbe église de Notre-Dame de la Miséricorde. Près de là est le beau monastère des orphelines, où l'on ne reçoit que des filles de condition, en dépit de l'humilité prêchée par Jésus-Christ dans son saint Évangile. C'est aussi dans ce lieu que les nobles Portugais ont la précaution d'enfermer leurs femmes, lorsque des affaires les obligent à s'éloigner de la ville.

Outre les trois places dont je viens de parler, il en est d'autres sur la rivière, où abordent tous les vaisseaux que le commerce amène à Goa, et dont le nombre est bien diminué depuis que les Anglais sont à peu près maîtres de l'Indostan. C'est sur ces places que se tiennent les marchés quotidiens pour les provisions de bouche, depuis six heures du matin jusqu'à midi. La *rue droite* est d'ailleurs un marché perpétuel où tous les ordres de la ville se rassemblent et se mêlent indifféremment pour vendre ou pour acheter des denrées, ou pour apprendre des nouvelles. La foule y est fort serrée, et comme tout le monde porte de grands chapeaux pour se garantir du soleil, de la manière dont ils se touchent, il semble qu'ils ne fassent plus qu'une seule et large couverture.

Il y a dans Goa un si grand nombre

d'églises, de couvens, de chapelles, que la moitié suffirait pour une ville beaucoup plus étendue et plus peuplée. La plupart de ces édifices sont bâtis et ornés avec une magnificence qui étonne ; effet de la piété généreuse des rois de Portugal, qui ont assigné des revenus à toutes les églises, et même à toutes les communautés. Les prêtres et les moines forment plus de la moitié des habitans. On voit de tous côtés, dans la ville, de très jolies maisons, des jardins utiles et agréables, des bois de palmiers plantés avec symétrie, et qui forment des allées à perte de vue. Goa était autrefois comparable, et même supérieure en beaucoup de choses, aux plus belles villes de l'Europe. On y remarque encore de superbes édifices. Outre le palais du vice-roi dont j'ai déjà parlé, on peut citer celui de l'archevêque ou du grand inquisiteur. La plupart des autres maisons sont bâties de pierre, n'ont qu'un ou deux étages, et sont peintes, en dehors comme dans l'intérieur, de blanc et de rouge; il y en a peu qui n'aient un jardin. Les principales rues sont pavées de grandes pierres, avec des ruisseaux fort larges pour l'écoulement des eaux, ce qui rend assez difficile le passage d'un côté à l'autre. On a construit en plusieurs endroits de petits ponts; mais comme ils sont à des distances peu rapprochées, il faut quelquefois les aller chercher un peu loin.

On voit rarement à Goa les femmes portugaises dans les rues. Quand elles sortent, soit pour aller à l'église, soit pour des visites nécessaires, elles se font porter dans des palanquins tout couverts. Lorsqu'elles paraissent en public, elles sont toujours magnifiquement habillées et parées de quantité de perles et de pierreries. Dans la maison, elles vont les pieds nus, et n'ont sur le corps qu'une chemise fort courte et un petit jupon de toile peinte. Leurs maris sont si jaloux, qu'ils ne souffrent pas qu'aucun homme leur parle, pas même leur plus proche parent.

Le peuple de Goa, naturellement fainéant, est fort curieux des processions, et de tout ce qui a l'air de spectacle. Il néglige ses affaires pour ces sortes de cérémonies. La Fête-Dieu se solennise le jeudi d'après l'octave de Pâques, à cause des grandes pluies, qui, dans le mois de juin, empêcheraient les processions, qui ressemblent plutôt à des mascarades qu'à des pratiques religieuses. Les mystères y sont représentés par des gens travestis qui exécutent les danses les plus bouffonnes.

Une des plus belles processions, est celle du rosaire, où président les religieux de saint Dominique. On y voit des chars de triomphe, des navires et autres machines, avec des figures en relief, vêtues suivant le costume, et ornées de pierreries. Elles sont suivies de musiciens que plusieurs personnes accompagnent en dansant en cadence. A la Saint-Jean, le vice-roi monte à cheval avec la noblesse portugaise, sous des habits magnifiques, et ils vont deux à deux à l'église. Après la messe, ils se rendent dans le même ordre à la rue du manége, où se trouvent les chrétiens du pays sous les armes. Ils y font quelques courses de bagues où chacun cherche à donner des marques d'adresse, en présence d'une infinité de dames qui paraissent sur des balcons, ou des échafauds qu'on y élève exprès. Ils reconduisent ensuite le vice-roi jusqu'à son palais, où ils le saluent par des caracoles, après quoi chacun se retire dans sa maison.

Indépendamment d'autres processions, on en fait une pendant le carême, pour rappeler le souvenir des différentes stations du Sauveur dans les divers lieux où il fut conduit par ses persécuteurs, durant le temps de sa Passion. On porte un Christ chargé de sa croix ; des pénitens, vêtus de sacs fort propres, l'accompagnent deux à deux, la discipline à la main et le dos découvert, et se fustigent avec beaucoup de gravité. La procession s'arrête en différens endroits de la ville, où l'on a dressé des autels, et à chaque station, le Christ se retourne du côté du peuple, et prononce des paroles relatives à la circonstance dont on veut rappeler la mémoire. Alors tous les assistans, dont le nombre est prodigieux, fondent en larmes et jettent les hauts cris. La procession finit par l'adoration d'un saint-suaire.

Tous les vendredis de carême, après un sermon qui se fait le soir, on expose, à la faveur de quantité de lumières, plusieurs figures de la Passion conformes au sujet du sermon qu'on vient d'entendre. Si c'est par exemple le moment de la flagellation, on présente au peuple un *ecce homo*, qu'on fait mouvoir et tourner de côté et d'autre. L'étoffe dont il est couvert tombe à ses pieds, et la figure, toute chargée de plaies, tire des larmes et des soupirs de tous les spectateurs. Les femmes se distinguent principalement dans ces occasions; elles commencent par crier de toutes leurs forces, font aussi crier leurs servantes à perte d'haleine, et si elles ne pleurent pas au gré de leurs maîtresses, celles-ci, en les frappant, les font pleurer malgré elles. Les Portugais allient ces pratiques de dévotion avec l'usure, les assassinats et les plus infâmes dissolutions. C'est à l'église que se commencent les connaissances et le commerce de galanterie. Les filles et les femmes y sont toujours bien parées.

Nous avons vu dans les environs de Goa, ce que les Portugais appellent *l'Arbre-Triste*, parce qu'il ne fleurit que de nuit. Quand le soleil se couche, on n'y aperçoit aucune fleur, et une demi-heure après, il en est tout couvert. Elles répandent une odeur suave, mais elles ne durent que jusqu'au moment où le soleil commence à donner sur l'arbre. Alors les unes tombent, les autres se referment, ce qui dure toute l'année. Cet arbre est à peu près de la grandeur d'un prunier, et ses feuilles ressemblent à celles de l'oranger. On en met ordinairement dans les cours des maisons pour en avoir l'odeur et l'ombrage. Il croît fort promptement, et pousse par la racine une multitude de rejetons qui, quoiqu'ils n'aient que trois pieds de haut, produisent autant de fleurs que les plus longues branches de l'arbre. Les Portugais en font le même usage que du safran, soit pour les mets, soit pour la teinture. Les autres productions du pays sont à peu près les mêmes que dans les autres contrées de l'Indostan.

Un vaisseau qui retournait à Calicut fut pour nous une occasion de voir cette ville, l'une des plus intéressantes de la côte de Malabar. Calicut est le premier port des Indes occidentales où les Portugais débarquèrent, en 1498, sous la conduite de

Gama. C'était alors le plus fameux marché pour le commerce des épiceries, des diamans, des soies, des toiles, de l'or et de l'argent. Les Portugais y avaient été reçus favorablement, mais ils se brouillèrent avec le souverain du pays en abusant de l'empire qu'il leur avait laissé prendre, et, après une guerre cruelle, ils furent totalement défaits et chassés du pays. Calicut est une place d'environ trois lieues de circuit, et n'est point environnée de murailles. On y compte six mille maisons, la plupart isolées et ayant chacune un jardin. Elles sont construites en bois de teck ou en branches de palmier, revêtues de terre séchée au soleil. Elles n'ont guère que sept à huit pieds de hauteur. Quant au port, il est à demi comblé.

La côte de Malabar est exposée à des tempêtes et à des orages d'une violence extraordinaire, et véritablement effrayante. Nous éprouvâmes à Calicut une de ces terribles convulsions de la nature. Cet ouragan ne vint point à l'improviste; les élémens troublés, toute la nature en combustion, avaient depuis plus de huit jours annoncé par des signes connus sa violente approche. La mousson avait cessé de régner; de grands orages partant de chaque point de l'horizon, se disputèrent pendant quelque temps l'empire des mers; on vit les gros poissons quitter leurs profondes demeures, pour venir respirer à la surface de la mer; la grève était couverte de goémons, de coquillages, et d'autres productions marines que la mer rejetait de son sein; souvent une lueur roussâtre, semblable à celle résultant de l'incendie d'un village éloigné, se répandait dans le ciel; les feuilles des végétaux étaient dans un mouvement continuel; la lune en se levant paraissait d'une grandeur démesurée; le soleil à son coucher ressemblait à un disque de sang. On vit arriver tout à coup des volées prodigieuses d'hirondelles messagères des tempêtes, et d'autres oiseaux qui, en jetant des cris de détresse, venaient, à tire-d'aile, chercher un refuge sur la plage.

Les quadrupèdes firent aussi connaître le danger prochain. Les bœufs et les moutons se serraient les uns contre les autres, regardaient le ciel en poussant des hurlemens plaintifs, et laissaient ensuite tristement pendre leur tête sans songer à prendre aucune nourriture. Les chiens faisaient entendre par intervalles des hurlemens, témoignage de leurs craintes; les animaux sauvages se réfugiaient dans la profondeur des bois.

Le jour qui devait voir ce terrible spectacle arriva. De sombres nuages semblables à des montagnes renversées s'étaient amoncelés à l'horizon. La foudre sillonnait en tout sens sur leurs bords roussâtres. Pendant toute la matinée, l'on avait ressenti une chaleur étouffante, qui gênait la respiration. Pas le moindre souffle de vent n'agitait les feuilles des arbres;

les éventails des palmiers et des cocotiers pendaient le long des tiges. A deux heures après midi le vent commença à se faire un peu sentir; vers quatre heures, un calme profond y succéda brusquement. Cependant on voyait des nuages épais et noirs s'élever rapidement au-dessus de l'horizon; le tonnerre grondait déjà de loin dans leur sein; ils se joignirent, et le jour fit place à une obscurité profonde, le silence régna partout.

Semblable à mille coups de tonnerre, qui se seraient fait entendre à la fois, l'ouragan éclata tout à coup; la terre trembla, la mer mugit. Le tourbillon enleva et fit tournoyer avec rapidité dans l'air les cabanes, les toits, les joncs et les arbustes, mêlés à des collines de sable. Les cocotiers et les palmiers agités en tout sens, entrechoquaient leurs cimes avec un bruit effroyable; les vagues de la mer soulevées ressemblaient à de hautes montagnes escarpées, dont le sommet couvert de neige est entouré de nuages ; de grands coups de tonnerre partaient de tous les points du ciel qui paraissait tout en feu. Au milieu du bruit que produisait le sifflement des vents, on distinguait le bruissement des flots, et la chute des torrens de pluie qui se succédaient sans interruption ; toute la nature était en désordre ; le ciel et la terre retentissaient d'un bruit confus et étourdissant.

Des cris affreux partirent aussitôt du rivage, et, malgré le bruit des élémens déchaînés, parvinrent jusqu'à nous. Arrachés de leurs ancres, un grand nombre de navires étaient ballottés par les lames ; poussés les uns contre les autres, ils se brisaient, et la mer les engloutissait. D'autres fixés par leurs câbles s'élevaient sur des vagues d'une hauteur prodigieuse, puis en descendaient avec rapidité, et disparaissaient pour toujours dans les abîmes de l'Océan. Vainement les matelots grimpaient au haut des mâts, et par leurs gestes et leurs cris faisaient connaître leur détresse. Il n'y avait pas moyen de leur porter secours. Le navire coulait à fond, un immense tournant se formait à l'endroit où il avait péri, et la mer en fureur roulait avec impétuosité ses eaux bouillonnantes par dessus.

La nuit vint dérober à nos yeux cette scène d'horreur ; tout fut couvert des ténèbres les plus épaisses, on n'apercevait plus que la pointe des vagues écumantes. Vers trois heures du matin tout devint tranquille ; ce calme ne dura que quelques minutes. Les vents de sud et de nord-ouest, qui précédemment avait régné alternativement, furent remplacés par celui du nord-est ; arrivant de la mer avec un bruit effroyable, il chassa impétueusement vers la grève les navires qui avaient échappé à l'ouragan. On les vit voler avec la rapidité de la flèche par dessus les brisans et le ressac de la côte, pour venir se briser sur le sable, aux cris confus des naufragés et de ceux que l'humanité amenait à leur secours. Les bouleversemens de la nature semblables à celui que je viens de décrire sont heureusement assez rares, et ne frappent point sur une grande étendue de pays.

Après nous être reposés quelques jours, pour nous remettre de l'effroi que nous avait causé l'ouragan, nous gagnâmes *Cranganor*, où l'on voyait autrefois une église, un collége et une bibliothèque, dirigés par les jésuites, et à la place desquels on ne trouve plus qu'un arsenal, et des magasins à poivre; nous ne nous y arrêtâmes que très peu de temps, et nous nous mîmes en route pour Cochin qui n'en est éloignée que de cinq lieues. *Cochin* est une jolie ville sur la mer. Elle a un port ou plutôt une rade. Quoique ravagée à diverses reprises, elle entretient encore un commerce assez actif, surtout en poivre, en cardamome, en pierres précieuses, bois de teck et autres marchandises. On y construit beaucoup de navires. Cochin était autrefois le principal établissement des Hollandais dans l'Inde. Les Juifs blancs, les Juifs noirs et les Maures y ont des bazars particuliers; les autres habitans sont des Indous, des Persans, des Arabes et des Arméniens. On voit dans la ville même de vastes plantations de cocotiers et d'autres palmiers qui répandent une fraîcheur délicieuse. Il n'est point d'endroits où les cocotiers soient aussi communs que dans le Malabar, et c'est ici l'occasion de donner une description de cet admirable ouvrage de la nature.

Le cocotier, que d'autres nomment *palmier des Indes*, est un grand arbre d'une seule tige qui n'a jamais plus de douze pouces de diamètre. Il s'élève à la hauteur de cinquante pieds, toujours en droite ligne, et s'élague de lui-même. De sa cime naissent quelques branches légères avec des feuilles quelquefois longues de dix pieds, larges d'un et demi, et que leur propre poids fait pencher, quoiqu'elles soient très délicates; elles forment une agréable chevelure, et une tête naturellement taillée en rond. On les emploie sèches et tressées pour couvrir les maisons ; elles résistent pendant plusieurs années à l'air et à la pluie. De leurs filatures les plus déliées on fait de très belles nattes qui se transportent dans toutes les Indes ; les plus gros filets servent à faire des balais, le reste à brûler.

La tige du cocotier renferme une moëlle blanche, semblable à du lait caillé, extrêmement tendre, d'un goût délicieux, et dont on peut manger avec excès sans inconvénient, parce qu'elle ne peut faire aucun mal. Le bois en est spongieux et se coupe aisément. Les Indiens, sans crainte de l'endommager, y font des entailles de distance en distance, au moyen desquelles ils grimpent jusqu'au faîte de l'arbre avec une vitesse incroyable. A la cime on trouve, entre les feuilles, plusieurs bourgeons fort tendres, de la grosseur du bras, et qui ont deux ou trois enveloppes; elles se rompent à mesure que le fruit qu'elles renferment, pousse et grossit. Alors paraît une grappe figurée comme celle des maronniers, où sont attachés quatre-vingts ou cent petites noix de coco, dont quatorze ou quinze seulement viennent à maturité; mais les Indiens n'attendent pas toujours qu'elles soient mûres.

Ce fruit à son utilité et ses vertus particulières, en quelque temps qu'on veuille le prendre. En coupant l'extrémité de ces bourgeons, lorsqu'ils sont encore tendres, on en fait distiller une liqueur blanche que l'on recueille avec soin dans des pots attachés à chaque bourgeon, et qu'on bouche hermétiquement pour empêcher l'air d'y entrer. Lorsque le vase est rempli, on fait bouillir la liqueur, et elle acquiert par le feu la qualité du vin, quoiqu'elle fût auparavant semblable à du petit lait. Elle porte dans le Malabar, comme dans les autres pays de l'Indostan, le nom de *tari;* elle n'a pas l'agrément du vin, mais elle enivre de même. Dans sa fraîcheur elle est excessivement douce, gardée quelques heures, elle devient plus piquante et plus agréable ; mais elle est dans sa perfection du soir au matin, après quoi elle commence à s'aigrir. Quand les Indous veulent avoir de bon vinaigre, ils exposent cette liqueur au soleil, et, pour en faire de l'eau-de-vie très forte, ils la distillent à l'alambic. Ils en composent aussi du sucre, en la faisant bouillir fort long-temps, mais il n'est ni aussi bon ni aussi blanc que le sucre de cannes; le peuple s'en sert pour toutes ses confitures.

Les cocotiers dont on prend la liqueur pour en faire du vin, ne portent jamais de fruits, parce que c'est de cette liqueur que le fruit se forme, mais si on laisse venir les cocos à maturité, on tire de ces noix une huile extrêmement douce qui se vend à vil prix, parce qu'elle est très abondante, et dont on se sert pour les usages les plus communs. Ce peuple en engraisse les cochons et la volaille, et dans les temps de disette les pauvres se nourrissent du marc qui reste quand on a tiré l'huile. La noix dont on l'exprime est ovale et de la grosseur d'un melon; elle a une triple écorce dont l'extérieure est brune et très unie; la seconde, quand elle est sèche, forme une espèce de filasse. De la partie la plus fine on fait une sorte de toile que l'on nomme *écorce*, et dont on voit des mouchoirs en France; le reste est réservé pour les cordages et les câbles des vaisseaux. La troisième écorce est une peau fort légère, qui se blanchit parfaitement, et dont on fait des bonnets. La superficie de la première écorce est d'abord verte et tendre; elle contient une liqueur claire, agréable, saine et rafraîchissante. La chair qu'elle renferme immédiatement se mange avec plaisir, lorsqu'elle est tendre, et son goût est à peu près celui des artichauts; mais à mesure que les cocos mûrissent, une portion de la liqueur se change insensiblement en une pâte blanche et molle qui se mange à la cuiller comme de la crême. Cette substance s'affermit par degrés; d'abord elle prend la consistance, la couleur, et à peu près le goût de nos cerneaux; ensuite elle devient semblable pour la couleur et le goût à la noisette ou à l'amande, mais sa saveur est moins délicate. Les Indous la râpent pour la mêler avec leur riz; et quand ils y ajoutent du sucre et de la canelle, c'est un mets exquis.

Lorsque la noix de coco est dans sa parfaite maturité, et que la coque qui renferme le fruit est bien sèche, on en fait des coupes, des vases à boire et d'autres ouvrages fort curieux.

Le cocotier pousse de nouveaux bourgeons, et porte de nouveaux fruits trois fois l'année, et ce qui augmente encore le prix infini de cet arbre, le plus utile, le plus merveilleux de toutes les productions de la nature, c'est qu'il est d'une très grande ressource, lors même qu'il est abattu. Il devient bon à faire des mâts, des planches, des timons, des épées, des flèches, et enfin à brûler. Les cordages et les voiles se font de ses filamens les plus déliés ; on en fabrique aussi diverses sortes d'étoffes, et même du papier. Les feuilles ne sont ni moins curieuses ni moins utiles que les autres parties de l'arbre. Les Indous savent les préparer et les rendre souples comme de la toile. Quelques-uns en font des vêtemens ; les marchands s'en servent pour l'emballage ; les mariniers en fabriquent des voiles pour leurs barques. Ainsi cet arbre seul peut fournir à tous les besoins de l'homme : sa moëlle, sa sève et son fruit servent à le nourrir; ses écorces servent à l'habiller ; son bois à bâtir sa maison; ses feuilles à le couvrir, etc. Nous avons vu des cabanes construites d'une partie de cet arbre, et approvisionnées de fruits, d'huile, de vin, de miel, de vinaigre, de sucre, d'étoffes, de bois et de charbon tirés de ses autres parties.

LETTRE XVIII.

Inde en-deçà du Gange. — Travancore. — Le Malabar. — Iles Maldives, etc. — Iles Laquedives.

A soixante lieues de Cochin, nous sommes entrés dans le royaume de *Travancore*, qui a ses premières limites au cap de Comorin, et s'étend à trente lieues sur la côte. Ce royaume est divisé en différentes provinces dans l'une desquelles les Anglais ont un établissement dont la situation est charmante. Ils y ont construit un fort entre le rivage de la mer et une belle rivière qui lui est parallèle, et n'en est pas éloignée de plus de cent cinquante toises. On voit au milieu de la courtine, et au-dessous de la porte qui fait face à la mer, un pavillon distribué en une salle et un cabinet où le gouverneur écrit, donne audience, et observe les vaisseaux qui passent continuellement près de la côte. La rivière baigne les murs d'un joli salon et d'un jardin bien entretenu. Les maisons de la colonie anglaise sont alignées sur les deux côtés d'une longue rue, large, droite et ombragée de cocotiers et d'autres arbres du pays. Elle est terminée par une grande église auprès de laquelle est le palais d'un évêque portugais, et le logement d'un missionnaire jésuite de la même nation. Un petit fort couvre l'église, la maison épiscopale et la colonie; un autre défend l'entrée de la rivière, et partout on voit beaucoup de symétrie, de propreté et d'arrangement. Cette province est connue sous le nom d'Enjaingue. Le royaume de Travançore était autrefois plus étendu; plusieurs petits rois relevaient du monarque de cet état, mais les choses ont prodigieusement changé, et il est lui-même vassal de la Grande-Bretagne.

On voit dans ce pays un assez grand nombre de chrétiens la plupart très pauvres, et dont les ancêtres ont été convertis par Saint François-Xavier. Il n'est point de contrée dans l'Inde où la superstition soit plus en vigueur. Le roi même donne dans celles les plus populaires. Son régime est celui des anachorètes ; il ne se nourrit que de racines, de légumes, de lait et de fruits. Il consulte les devins sur tous les événemens, et dirige ses actions d'après leur réponse. Ainsi les fourbes ont beau jeu dans ce pays-là.

Les brahmines observent le même régime de vie pour conserver leurs prérogatives et leur crédit. Les dévotions extraordinaires, les pénitences, les austérités, le dévouement à la mort, sont portés plus loin dans la religion malabare que dans aucune autre de l'univers. C'est là surtout que les malheureuses veuves sont obligées à se brûler sur le bûcher de leurs maris. La femme n'annonce son intention que lorsque les médecins ont désespéré de son époux. Dès qu'elle l'a fait connaître, ses voisins la traitent avec le plus grand respect, et lui font de grands présens. Aussitôt que le mari est mort, elle réitère sa déclaration et se baigne, se pare de ses vêtemens les plus beaux, de ses bijoux les plus précieux, et se fait peindre les pieds en rouge ; elle s'abstient de manger, mâcher du bétel, et prononce sans discontinuer le nom du dieu de sa secte. Le tambour parcourt la ville ou le village en battant d'une manière particulière pour annoncer le sacrifice, qui attire toujours un grand nombre de spectateurs.

Les brahmes ont soin d'échauffer l'imagination de la malheureuse victime en lui faisant boire une liqueur dans laquelle ils mettent de l'opium. Quand elle approche du terme fatal, ils ne manquent pas de la distraire par des chants, où ils font l'éloge de son héroïsme. Il faut qu'elle paraisse au bûcher, l'air tranquille et serein, comme il convient à une femme qui est sûre que l'heure de sa félicité s'avance, et qu'elle va se joindre pour toujours à son mari dans une vie meilleure.

Les parens et les amis de la veuve l'accompagnent dans sa marche au son des tambours et des trompettes. Arrivée au lieu du sacrifice, elle répète, d'après les brahmes, plusieurs formules, et fait sept fois le tour du bûcher en y jetant du riz et des cauris. Elle embrasse ses parens et ses amis, distribue à celles-ci une partie de ses bijoux et de ses ornemens, et les console tandis qu'elles la bénissent, et la conjurent de demander à Dieu qu'il daigne leur accorder le même courage dans la même circonstance. Elle fait ses derniers adieux aux assistans, puis monte sur le bûcher. Le fils ou le plus proche parent, détournant la tête, y met le feu ; d'autres personnes concourent aussi à l'allumer; une quantité de bois sec est jetée précipitamment par-dessus, et en un instant tout est en flammes. Quoiqu'il se passe près de deux heures avant que tout soit consumé, on ne suppose pas que la veuve puisse survivre plus de deux minutes.

Ces malheureuses victimes marchent généralement à la mort avec une constance et une fermeté qui étonnent. Cependant il s'en trouve qui, à la vue du bûcher, veulent reculer, mais il n'y a pas moyen de prendre la fuite. Leurs parens, indignés de la honte qui en résulterait pour la famille, les entraînent par force, et les brahmes, monstres de cruauté, les renversent sur le bûcher, où leurs cris sont étouffés par les chants lamentables, les cris et les tumultes de la foule, et par le bruit des instrumens.

Les femmes des brahmes se sacrifient plus rarement que celles des chétris, mais les veuves doivent sans exception renoncer au monde ; la tête rasée et sans aucun ornement, elles sont vouées à un veuvage perpétuel, sous peine d'être chassées de leur caste. Si le mari vient à mourir avant que le mariage soit consommé, sa jeune veuve n'en est pas moins condamnée au célibat. Ces sacrifices des veuves sont très anciens dans l'Indostan. Les Anglais ont fait tout ce qui était en leur pouvoir, dans toutes les parties de cette région dont ils sont les maîtres, pour empêcher cet affreux usage, et ils en seraient venus à bout sans la caste des brahmes qui tient opiniâtrement à la conservation des anciennes coutumes, quelque absurdes, déraisonnables ou sanguinaires qu'elles puissent être. Le seul moyen d'abolir ces institutions contraires au vœu de la nature, serait d'exterminer la race des brahmes, fauteurs de toutes ces infamies.

Les naïrs, dans le Malabar, sont après les brahmes la plus haute caste et la plus nombreuse. Tous font profession des armes, et ne se piquent que de noblesse et de bravoure. Un naïr, nu, à la réserve d'un morceau de toile autour des reins, qui lui descend jusqu'aux genoux, les cheveux noués sur la tête en forme de bourrelet, le sabre d'une main, un fusil de l'autre, passe sa vie dans cet état, et se fait un point d'honneur de son oisiveté, parce que la moindre œuvre servile le ferait déroger de sa caste. Les naïrs subsistent de ce qu'ils reçoivent des princes qu'ils servent et des revenus de quelques terres qu'ils afferment aux *tives*, tribu inférieure qui leur est subordonnée. Ceux-ci font labourer ces mêmes terres par les *pouliats*, classe servile et si méprisée que dès qu'on aperçoit l'un d'eux, on lui fait signe de se retirer à l'écart, dans la crainte d'être souillé par son approche.

Les pouliats ou parias vont presque nus, n'ont point de demeure fixe, errent dans les champs et dans les forêts, n'ont d'autre asile que le creux des arbres, des cavernes, des huttes qu'ils font à la hâte avec des branches d'arbres. Cette malheureuse espèce d'hommes se nourrit de toutes les immondices qu'elle trouve sur son chemin, sans en excepter les charognes. Il ne leur est pas permis d'entrer dans les temples, ni même d'en approcher, mais les prêtres veulent bien recevoir leurs offrandes pourvu qu'elles soient en or ou en argent, et qu'on les pose à quelque distance de l'église. Le brahmine qui va les prendre attend que le pouliat soit écarté, les lave avant que de les présenter à l'idole, et se purifie lui-même pour les lui offrir.

L'hiver commence à Malabar vers les premiers jours du mois de juin, et finit au mois d'octobre; alors la mer cesse d'y être navigable; et il y a peu de ports où les navires soient en sûreté, et à couvert des orages mêlés d'éclairs et de tonnerres effroyables qui troublent l'air dans cette saison; mais ces orages sont moins violens que celui dont j'ai donné la description dans ma lettre précédente. C'est du midi que viennent les nuages ; le vent les pousse avec force vers les montagnes appelées Ghâtes, où ils se brisent et se fondent en pluie ; ces eaux forment des torrens, et inondent les campagnes. Cette saison n'a rien d'ailleurs de bien rigoureux, et le froid qui se fait sentir en ce pays ne mérite point le nom d'hiver. C'est même dans ce temps-là que la plupart des fruits parviennent à leur maturité, et que les fleurs et les plantes ont le plus de beauté.

L'été commence au mois d'octobre, et dans tout le cours de cette agréable saison on découvre à peine dans l'air le moindre nuage. Malgré les chaleurs brûlantes, auxquelles le pays est exposé pendant le jour, les nuits sont toujours fraîches, et peuvent passer pour froides pendant les trois premiers mois de l'année. La côte de Malabar paraît être sous le plus beau climat de l'Indostan. Toute la plage étant fort basse, et le terrain s'élevant par degré, on découvre de la mer une partie des richesses de cette délicieuse contrée. Les villes et les bourgades qui bordent la côte, les bois de cocotiers et de palmiers toujours verts, des prairies charmantes, de vastes plaines, des rivières, des ruisseaux, des lacs, et mille autres objets diversifiés, forment le coup-d'œil le plus agréable.

C'est principalement dans le Malabar que l'on remarque toutes ces distinctions de tribus et de castes, qui forment, dans un même état, tant de différentes classes de citoyens. Celle des princes est la première et la seule dont il est bon d'entretenir le lecteur. Les prêtres, les nobles, les laboureurs, les artisans, les soldats, etc., sont autant de tribus particulières dont j'ai déjà parlé, et qui se gouvernent à peu près comme dans les autres contrées de l'Indostan. C'est partout la même délicatesse sur les mésalliances, le même mépris pour les castes inférieures, la même horreur de communiquer avec elles.

Le tribu royale est composée de plusieurs familles de princes. A la mort d'un roi, le plus ancien est déclaré son successeur. Il nomme un premier ministre, sur lequel il se repose de tous les soins du gouvernement, et ne songe plus qu'à jouir, dans la mollesse, des douceurs et des plaisirs de la royauté. Il met ordinairement cette place à l'enchère ; celui qui l'obtient a le premier rang dans l'état après le souverain. Toute l'autorité est entre ses mains : il dispose des emplois, commande les armées, expédie les ordres de la cour, et rend à peine compte à son maître de son administration. Mais tout grand qu'il est, il ne lui est pas permis de s'asseoir en présence du souverain ; il faut qu'il se tienne debout, les deux mains posées sur la bouche comme le dernier des sujets.

Les seigneurs malabares, quand ils sortent de leurs palais, sont aussi fastueux que les autres Indous : leur cortége est composé d'une troupe nombreuse de gardes, d'officiers, de danseuses, d'esclaves et d'éléphans; mais ils ne se piquent pas de magnificence dans l'intérieur de leurs maisons. Les grands de l'état, les rois eux-mêmes n'ont ni vaisselle d'or ni meubles somptueux. Des paniers de jonc, des plats de terre ou de cuivre, des tapis ou des nattes, de la chandelle ou de l'huile au lieu de bougie; des lits de planches et une pièce de bois pour chevet, voilà à quoi se réduit le luxe des riches Malabares. Du riz, du lait, des légumes, composent leur nourriture ordinaire. Leur faste ne brille que dans les pagodes, où l'or, l'argent et les pierreries sont prodigués. Cependant le roi de Travancore a deux palais. L'un à quelque distance de la capitale de même nom que le royaume, où il fait sa résidence ordinaire, et qui renferme ses trésors; l'autre, à quelques lieues plus loin, est bâti à l'européenne, et orné de tableaux, de pendules et d'autres objets d'art venus d'Europe.

Parmi les animaux les plus communs de la côte de Malabar, on remarque les perroquets, en raison de leur multitude prodigieuse, et de la variété surprenante de leurs espèces. On en prend jusqu'à deux cents d'un seul coup de filet. Les paons ne sont guère moins nombreux, mais leurs plumes ont une utilité ; on en fait des parasols et d'autres ouvrages de même genre.

Le pays est infesté de tigres de différentes grandeurs. Ceux de la plus petite espèce sont à peu près de la même grosseur que les chats d'Europe, et font une guerre cruelle à la volaille. Les plus grands que les Portugais ont appelés tigre royal, approchent de la taille de nos chevaux. Ceux de la moyenne espèce n'excèdent pas celle des moutons. Ils causent beaucoup de ravage dans toutes les parties du Malabar, et la soif du sang leur fait attaquer indistinctement les hommes et les bestiaux. On leur déclare une guerre ouverte, mais quelques efforts que l'on fasse, leur nombre est plus grand que partout ailleurs. Les rois excitent leurs sujets à cette chasse par différens degrés de récompense. Celui qui a tué un tigre avec l'épée ou la flèche reçoit un bracelet d'or, ce qui passe ici pour une marque d'honneur aussi distinguée que nos croix de chevalerie. Si l'on n'a vaincu qu'avec les secours d'autrui, ou qu'on n'ait combattu qu'avec le mousquet, la récompense n'est qu'en argent. Quand on rencontre un de ces animaux, et qu'on est muni d'une arme à feu, il est plus prudent de tirer en l'air que sur l'animal, à moins qu'on ne soit bien sûr de l'abattre. Le bruit l'étonne et le met en fuite, au lieu que si on ne fait que le blesser, sa douleur le rend plus terrible.

Le jakar, que les Portugais nomment *adive*, est un autre fléau du Malabar. Il a la queue du renard, le museau du loup, et le reste du corps comme le chien. Il fuit la lumière, et ne sort que la nuit. Il fait la guerre aux chiens, à la volaille, quelquefois aux enfans, rarement aux hommes. Ces animaux vont ordinairement en troupe; leur cri est plaintif et semblable à la voix d'un enfant qui pleure. Le tigre et l'adive marchent souvent de compagnie, et chassent ensemble. L'adive, par sa plainte, attire les chiens hors des maisons, et prépare ainsi une proie facile à son compagnon. Les Indous reconnaissent qu'il est suivi d'un tigre, lorsqu'ils n'entendent qu'un seul cri. Si plusieurs se font entendre à la fois, le danger est moins grand, et les précautions sont proportionnées à leurs craintes. L'adive est un animal qu'on n'a jamais pu apprivoiser. La manière de le prendre est de brûler, dans sa tannière, des feuilles dont la fumée le suffoque. On en trouve quelquefois dix ou douze étouffés dans le même lieu.

Quelque dangereux que soient les serpens et les couleuvres, sur cette côte, ils n'en sont pas moins révérés des Indous du Malabar, qui leur consacrent des statues, et leur érigent des temples. Outre les offrandes qu'on leur fait dans les pagodes, on leur porte du lait et d'autres alimens dans les campagnes et dans les bois. Il n'y a point de jour où l'on ne fût en danger d'être blessé mortellement, jusque dans les lits, si l'on négligeait de visiter toutes les parties de la maison qu'on habite. Il y a de ces serpens qui sont d'une grosseur si prodigieuse qu'ils avaleraient un homme.

Ce ne sont cependant pas les plus dangereux, parce que leur grosseur monstrueuse les fait découvrir de loin, et donne la facilité de les éviter. Leur longueur est de quinze à vingt pieds, et leur tête a la grosseur et la forme de celle du sanglier. Les grandes inondations en font mourir plusieurs qu'elles entraînent dans les campagnes. Placé à quelque distance, on les prendrait pour des troncs d'arbres abattus et desséchés.

Une espèce plus malfaisante est celle de certaines petites couleuvres vertes qui se cachent parmi les herbes et les feuilles des buissons, où leur couleur ne permet pas de les apercevoir. Elles s'élancent sur les passans, et leur rencontre est si fréquente que, dans les chemins étroits, on est obligé de se faire précéder d'un esclave qui frappe de côté et d'autre, pour les écarter. Leurs blessures sont toujours mortelles. Il est une autre espèce de serpens qui, loin d'être malfaisante est au contraire très utile; on les appelle *preneurs de rats*. Ils font précisément l'office des chats dans les maisons. Ils se tiennent sur les toits, descendent dans les chambres, se placent sur les chaises, sur les lits, et passent quelquefois sur le corps et même sur le visage de ceux qui dorment sans leur faire aucun mal.

On distingue parmi les Malabares, les

idolâtres et les mahométans. Les premiers ont à peu près la même religion que les Banians, et la pratiquent sous des formes plus monstrueuses, et plus ridicules qu'ailleurs. Les mahométans font presque tous le métier de corsaires et de marchands. On prétend que lorsqu'ils mettent pour la première fois un vaisseau en mer, ils l'arrosent du sang de quelque captif chrétien, pour rendre leur navigation heureuse; cependant on ajoute que, depuis que les Anglais dominent dans le pays, ils ont renoncé à cet infâme sacrifice, dans la crainte de s'attirer sur les bras un ennemi formidable. On distingue les mahométans des idolâtres par leur barbe qu'ils laissent croître, et par leur robe qui leur couvre tout le corps; tandis que les derniers, de quelque sexe qu'ils soient, sont presque tout nus.

La récolte du poivre est d'un produit immense sur la côte de Malabar. L'exportation de cette denrée s'élève annuellement à cent vingt mille quintaux. Les principaux marchés sont Calicut, Mahé, Mangalore, Cochin, et autres villes de la côte. Une autre épice, singulièrement estimée, est le cardamome qui prospère dans les ghâtes occidentales. Les Persans, les Arabes, les Chinois, les Japonais et autres peuples asiatiques, en achètent en quantité considérable, et en font un grand usage dans l'assaisonnement du bétel.

Le peu d'espace qu'il y a à traverser pour aller de la côte de Malabar aux *îles maldives*, nous a déterminés à les visiter. Ces îles s'étendent en ligne droite du midi au septentrion. Elles sont au nombre de douze mille, mais la plupart sont si petites qu'elles ne peuvent être habitées. Les unes ne sont que des bancs de sable que le flux couvre tous les jours, d'autres n'offrent que des rochers ; quelques unes portent des arbustes et de l'herbe. La nature a partagé tout le groupe, en treize groupes particuliers appelés *atollons*, et séparés par des canaux assez larges; chaque atollon est ceint d'un cordon de rochers qui le protège contre la fureur des vagues. Elles s'y brisent avec tant de force, que le pilote le plus intrépide n'ose en approcher.

Les Maldives tirent leur nom de *malé*, la principale île de ce groupe, et de *dive* qui veut dire île. Elles sont toutes soumises à un même souverain. On prétend que les Maldives ne formaient originairement qu'une seule île, que l'effort des vagues ou quelques secousses violentes ont partagée en plusieurs parties. On ignore en quel temps et par quel peuple elles ont commencé à être habitées; mais comme on y professe la religion mahométane, on conjecture que les Maldivois sont une colonie d'Arabes, qui ont formé des établissemens dans ces îles, dès le temps de leurs excursions dans l'Inde.

Les Portugais y entrèrent au commencement du seizième siècle, l'épée et le crucifix à la main. Ils y portèrent le joug de leur domination et le trouble, et leurs missionnaires le bienfait de l'Évangile. Le roi du pays embrassa le christianisme, et fut dépouillé de ses états. Les Portugais lui persuadèrent de quitter son royaume pour aller recevoir le baptême à Cochin, et, sous prétexte de le défendre contre des sujets qui n'avaient point voulu imiter son exemple, ils le retinrent dans une terre étrangère, et se rendirent maîtres de son propre pays. Mais les Maldives, aidés de quelques corsaires malabares, secouèrent la domination portugaise et élurent un nouveau roi, qui voulut bien se soumettre à payer à son prédécesseur une pension, que ce dernier partagea avec les Portugais. Il leur devait bien cette marque de reconnaissance, car, persistant dans le parti qu'il avait embrassé, s'il perdait une couronne temporelle, il en acquérait une mille fois plus précieuse par le zèle de leurs missionnaires.

Les Maldivois essuyèrent une autre révolution au commencement du dix-septième siècle. Des corsaires du Bengale firent une descente dans leurs îles, les pillèrent, tuèrent le roi, et laissèrent ce royaume dans une désolation affreuse. Des guerres intestines pour la succession à la couronne y causèrent de nouveaux troubles qui furent enfin apaisés par l'élection d'un nouveau roi. Le calme règne actuellement dans ces îles dont le monarque prend le titre de prince de treize atollons et de douze mille îles. Il fait sa résidence à *Malé* qui est la capitale des îles Maldives. Cette ville n'est point entourée de murailles, mais elle est fortifiée naturellement, tant par les rochers qui l'environnent que par le peu de fond qu'on y trouve à cause des bancs de sable et des écueils. Les autres atollons ont tous de semblables défenses. L'île de Malé, la seule que nous visitâmes, paraît avoir plus d'une lieue de circuit. Les maisons sont en partie séparées par des rues, en partie dispersées au hasard.

Celles du peuple sont bâties de bois de cocotier et couvertes de feuilles ; celles des personnes riches sont de pierre. Le palais du roi renferme de vastes logemens accompagnés de cours et de jardins. Des tapisseries du Bengale ornent les appartemens ; des nattes superbes en couvrent le parquet, et, pour un petit pays isolé, on y trouve même une sorte de magnificence.

Le sol de toutes ces îles est peu fertile ; il ne produit que de l'herbe, mais beaucoup de cocotiers dont les habitans savent tirer le plus grand parti possible. Le riz qu'ils consomment vient du Bengale, mais ils en mangent peu ; le poisson, qu'ils ont en abondance, est leur principal aliment. On y trouve aussi de grosses écrevisses de mer, et une sorte d'oiseaux très communs qu'on appelle des *pingouins*. Ce sont des espèces d'oies qui ont le dos noir, le ventre blanc et dont la chair est d'assez bon goût, quoique ces insulaires en fassent peu de cas. Ils aiment mieux une racine plus grosse que la jambe, qu'ils assaisonnent de diverses façons. Les autres productions de l'île sont des grenades et une espèce extraordinaire de figuier dont les feuilles ressemblent à celles du noyer. On tire de son fruit une huile noire dont on se sert pour graisser les bateaux.

On voit dans ces îles deux autres plantes singulières : l'une est appelée *fleur du soleil*, et l'autre *plante mélancolique*. La première ne s'ouvre qu'au lever de l'astre dont elle porte le nom, et ne se ferme qu'à son coucher. La seconde au contraire ne s'épanouit que lorsque le soleil se couche, et ses feuilles ne se referment qu'au moment de son lever. Il coule de cette fleur une eau salutaire qui guérit, dit-on, le mal des yeux. Les princes d'Orient en font un grand usage ; les Portugais se servent de sa fleur en guise de safran. Ces derniers estiment aussi beaucoup une sorte de noix grosse comme la tête qu'ils nomment *coco des Maldives*, qui se trouve sur le rivage de l'Océan, et dont on vante les vertus pour la médecine.

Les Maldivois ont une autre espèce d'arbre extrêmement léger, qu'ils appellent *Candou*, et qui, comme le liége, tend toujours à remonter sur l'eau. Ils s'en servent pour tirer de la mer des lames de pierres dont on bâtit des maisons. Ils attachent à la masse qu'ils veulent enlever du fond de l'eau, un ou plusieurs morceaux de ce bois, selon le volume de la pierre. L'extrême légèreté du candou le ramène nécessairement vers le dessus de l'eau; la masse lourde suit la même impulsion, et les Maldivois, hommes et femmes qui plongent et nagent parfaitement, la soulèvent, la poussent et la conduisent ainsi jusqu'au rivage. Ils usent du même expédient pour retirer les canons, les ancres des vaisseaux qui ont été submergés. Une autre propriété de ce bois, c'est qu'il s'enflamme promptement en frottant un morceau contre un autre. Les habitans qui n'ont ni mêche ni briquet, n'emploient pas d'autre moyen pour allumer du feu.

Une autre production très commune aux Maldives, est une petite coquille blanche et polie, que l'on nomme *cauris*, et que les insulaires vont ramasser sur les bords de la mer, quelques jours avant et après la nouvelle lune. On en charge tous les ans trente ou quarante navires pour le Bengale, pour Siam, et autres lieux, où l'on s'en sert comme de monnaie. Le soin de les recueillir est l'occupation des femmes, qui entrent dans l'eau jusqu'à la ceinture, et les cherchent parmi le sable. On les vend par paquets de douze mille qu'on enveloppe dans des corbeilles faites de cocotier. Chaque corbeille ainsi remplie vaut environ six francs.

Les autres objets que ces insulaires débitent aux étrangers, sont les voiles et les cordages de navires, dont la matière se tire des seuls cocotiers ; les nattes de jonc diversement coloriées et les plus belles de l'Orient; le poisson sec, l'écaille, l'huile, le miel, les cocos, l'ambre gris, le corail. Ils prennent en échange, de la soie, du coton, dont ils font de très belles vestes, du riz, des essences, du fer, des épices, et toutes autres choses nécessaires et que le pays ne produit point.

Quoique ces îles soient voisines de l'équateur, les chaleurs n'y sont point insupportables; les nuits, toujours égales aux jours, sont très fraîches, et les grandes rosées, qui ne manquent jamais de précéder le lever du soleil, contribuent encore à en tempérer l'ardeur. La division des saisons est à peu près la même que sur la côte de Malabar. L'hiver commence au mois de mai et finit au mois d'octobre; mais ces hivers sont aussi chauds que nos étés, et on ne les appelle ainsi qu'à cause des grandes pluies dont ils sont ordinairement accompagnés.

Quelques voyageurs ont pensé que les insulaires des Maldives, bien faits et d'un teint olivâtre, tirent leur origine des Indiens, mêlés d'Arabes. Ils ont le corps très velu, la barbe épaisse; il y a des femmes aussi blanches qu'en Europe; d'où il faudrait conclure que les habitans ont entièrement oublié les coutumes, les mœurs, les habitudes, la religion de leurs ancêtres. Ces insulaires professent la religion mahométane, et n'en connaissent point d'autre. Ils y ont ajouté quelques légères superstitions que ne suivent point les autres musulmans. Par exemple, il faut que l'animal dont ils veulent manger la chair, ait été égorgé dans un certain endroit du cou qui leur est désigné; que celui qui l'égorge soit une personne expérimentée et qui ait eu des enfans. Ils n'apprêteraient pas une volaille sans l'avoir préalablement écorchée, sans en avoir ôté le cou, les entrailles et le croupion. Ceux qui ont fait le voyage de la Mekke ou de Médine, quelque vile que soit leur naissance, reçoivent certaines marques d'honneur dont ils sont fort jaloux. On les nomme *agis*, c'est-à-dire saints, et, pour être reconnus, ils portent des pagnes et des bonnets ronds de coton blanc, avec une sorte de chapelet qui pend à leur ceinture.

Voici d'autres usages qui ne tiennent point de la superstition. Lorsque les enfans sont venus au monde, on les lave six fois le jour dans l'eau froide, ensuite on les frotte d'huile, et cette pratique dure assez long-temps. Les mères sont obligées de les nourrir de leur propre lait, et la reine même n'est pas exempte de cette loi générale. On n'enveloppe les enfans d'aucun linge, ils sont couchés nuds et libres dans de petits lits de cordes suspendus en l'air où ils sont bercés par des esclaves ou par leurs mères; et dès l'âge de neuf à dix mois ils commencent à marcher. On ne leur donne qu'un nom propre sans nom de famille; on y joint dans la suite, pour les reconnaître et les distinguer, celui du métier qu'ils embrassent, si ce sont des artisans, ou des îles qu'ils possèdent, si ce sont des personnes riches, ou enfin du rang qu'ils occupent, s'ils sont constitués en dignités. Jusqu'à l'âge de huit ans, les filles ne sont vêtues que d'une petite pagne, ou morceau de toile qui met la pudeur à couvert, et les garçons ne commencent à s'habiller qu'après avoir été circoncis, opération qui se pratique à l'âge de sept ou huit ans. Alors on leur enseigne à lire et à écrire, et on leur donne l'intelligence de l'Alcoran. Ils se servent pour l'écriture de trois sortes de caractères, l'arabique, le maldivois, et un troisième en usage à Ceylan et dans les Indes.

Si un homme en a tué un autre, ce sont les enfans du mort, et non sa femme, qui poursuivent l'homicide en justice. S'ils sont en bas âge, on attend qu'ils soient majeurs, et le meurtrier est obligé de les nourrir jusqu'à la majorité, qui est fixée à l'âge de seize ans. S'ils veulent ensuite qu'on punisse le coupable, la justice prend connaissance du crime et commence le procès; ainsi par une loi particulière à ce peuple, la punition des offenses les plus grièves dépend uniquement de la personne offensée. On coupe le poing aux voleurs et les cheveux aux femmes adultères. C'est une grande ignominie parmi elles, car elles en sont fort jalouses, et regardent les cheveux comme le plus bel ornement de leur sexe. Elles les font croître par tous les moyens possibles, les laissent tomber dans toute leur longueur, les lient par derrière avec un anneau, les parfument et les ornent de fleurs. Elles ont d'ailleurs assez d'agrément, sont vêtues, ainsi que les hommes, avec la même décence que les mahométans de l'Inde, et ils se distinguent les uns et les autres par la civilité de leurs manières. Je n'entends parler que de ceux qui habitent la partie du nord, car les autres vont presque nus. Les femmes mêmes n'ont qu'une simple toile dont elles se couvrent le milieu du corps. Les hommes naturellement velus, se rasent le poil en divers endroits, ce qui offre l'apparence d'une étoffe découpée.

Les nobles maldivois, les ministres de la religion, et tous ceux qui ont visité le tombeau de Mahomet, laissent croître leur barbe, ou ne la rasent qu'autour des lèvres. Les autres la portent fort petite, et seulement autour du menton où elle se termine en pointe, à peu près comme celle des juifs. Leur coutume est de se la couper à la porte des mosquées, et d'enterrer dans les cimetières, la rognure de leur poil et de leurs ongles, comme formant une partie d'eux-mêmes qui ne doit pas être privée de sépulture. Comme il n'y a point aux Maldives de barbiers publics, les uns se rasent eux-mêmes, les autres se rendent mutuellement ce service. Le roi et les principaux seigneurs se font faire le poil par des gens de qualité, qui se tiennent très honorés de cette fonction.

Ce peuple paraît ami de l'ordre; il obéit à un prince dont l'autorité est despotique, et à des prêtres à qui le roi confie toute l'administration. Ceux-ci se nomment Naïbes: ils joignent les fonctions du sacerdoce à l'exercice de la puissance temporelle; sont tout à la fois ministres d'état, gouverneurs des provinces, docteurs de la loi, et juges en matières civiles et criminelles. Ils ont sous eux des officiers tirés de leur ordre, qui rendent la justice dans les îles de chaque atollon ou de chaque gouvernement. Les parties plaident leur cause elles-mêmes. S'il est question d'un fait, on produit trois témoins, sans quoi l'accusé est cru sur son serment. Un esclave ne peut point servir de témoin, et il faut la déposition de trois femmes pour équivaloir à celle d'un homme.

Le Naïbe qui réside dans la capitale, a sur tous les autres une sorte d'inspection. On le nomme le *Pandiare*. Il est en même temps le souverain pontife et le premier magistrat de la nation. Il a un conseil qu'il est obligé de consulter dans les affaires importantes, et dont les membres occupent les premières charges de l'état. Ces officiers reçoivent du prince une portion de riz pour leur subsistance, et jouissent du revenu de quelques îles de son domaine. L'honneur dans ce pays consiste à manger du riz accordé par le roi ; les nobles mêmes qui sont privés de cet avantage, obtiennent peu de considération.

Contre l'usage ordinaire des contrées où la religion mahométane est observée, on reconnaît aux Maldives différens degrés de noblesse. On l'acquiert, ou par la naissance, ou par les charges, ou par des lettres du prince. Il y a donc, dans ces îles comme en France, des nobles d'ancienne race et de nouveaux nobles. La noblesse que donne la naissance, bien qu'elle soit le plus souvent la moindre en mérite, est celle dont on fait le plus de cas, à laquelle on accorde de plus grandes distinctions, et qui se repaît le plus de chimères. Quelques-uns de ces insulaires font remonter leur origine jusqu'aux temps fabuleux, et sans fabriquer comme nous d'absurdes généalogies, leurs prétentions à cet égard, ne sont ni moins ridicules ni moins imaginaires.

Quand le roi fait un nouveau noble, cette faveur s'annonce dans la capitale au son d'une plaque d'airain sur laquelle on frappe avec un marteau; dès ce moment le favori jouit de son rang, et de toutes les prérogatives qui y sont attachées. Les roturiers ne peuvent plus s'asseoir en sa présence, et s'ils se rencontrent, ils doivent s'arrêter et le laisser passer devant eux. Les femmes nobles, quoique mariées à des hommes du peuple, conservent leur noblesse et la transmettent à leurs enfans sans la communiquer à leurs maris. Il en est de même d'un gentilhomme qui épouse une roturière; la femme reste dans l'ordre du peuple, et les enfans participent à la noblesse de leur père.

Tous les nobles qui sont dans la capitale ont ordre de paraître chaque jour, à midi, au palais du roi pour lui faire leur cour. Si le prince n'est pas visible, on lui dit qu'ils attendent ses ordres. Il leur fait faire une réponse obligeante, en leur envoyant quelque présent de bétel ou de fruits. Le jour qu'il veut recevoir ses sujets, on les fait entrer dans la salle d'audience. Le roi est assis sous un dais, les pieds croisés sur une natte, et ses courtisans viennent s'asseoir autour de lui. Ce prince a un domaine composé de plusieurs îles, dont le produit lui appartient en propre. Il jouit, outre cela, du cinquième de tous les fruits qu'on recueille dans son royaume. Il lève en outre des droits particuliers sur différentes sortes de marchandises. Tout ce que la mer jette sur le rivage lui appartient; enfin un des principaux objets de ses revenus consiste dans le commerce, qu'il fait pour son propre compte avec les étrangers. Sa garde ordinaire est de sept à huit cents hommes divisés en plusieurs compagnies. Ce prince a d'autres troupes qui le suivent à la guerre, et dans lesquelles les plus riches de l'île ambitionnent d'entrer, à cause des prérogatives attachées à cet état ; mais cette faveur ne s'accorde que par une permission spéciale du souverain, et se paie fort cher. Ainsi, dans cet état, les pauvres ne sont point obligés de sacrifier leur vie pour défendre les propriétés des riches.

Le roi des Maldives, superstitieux comme le sont tous les mahométans et beaucoup d'autres, n'entreprend rien sans avoir consulté les astrologues. Il en entretient toujours un grand nombre à sa cour, et se laisse le plus souvent conduire par leurs lumières, ce qui lui épargne la peine de penser. Il a cela de commun avec la plupart des princes qui ne pensent et n'agissent que d'après leurs ministres. Ce monarque insulaire ne mange jamais avec ses sujets, parce que dans ce pays l'usage est de ne manger qu'avec ses égaux. Comme il est difficile d'établir cette égalité dans chaque ordre, les Maldivois se régalent rarement entre eux ; mais ils ont adopté une autre manière de régaler leurs amis qui n'est peut-être pas moins galante. On arrange proprement sur une table couverte d'une nappe très fine, et quelquefois de taffetas, un service composé de plusieurs mets. On y joint de l'excellent vin de coco, de l'hydromel, une autre espèce de liqueur qui ressemble au sorbet, et on l'envoie à la personne qu'on veut régaler.

Aucune loi ne condamne, aux Maldives, la fornication, et les femmes s'y livrent avec autant de liberté que les hommes. Le jour elles restent chez elles ; ce n'est que la nuit qu'elles font leurs visites de galanterie. Quand elles sortent le soir, elles doivent avoir un homme à leur suite. Il les accompagne dans les maisons où elles savent qu'on les attend, et dont les portes ne se ferment jamais. Elles toussent à leur arrivée, et ce signe, qui est entendu, fait connaître à l'amant la personne qui le visite.

Nous étions trop près des *îles Laquedives* pour ne pas en prendre connaissance. Elles sont semées sur la surface de l'Océan indien, à l'ouest de la côte du Malabar, et sont au nombre de trente-deux. Ces îles peu élevées, ceintes de rochers de corail, entourées de bas-fonds et de bancs de sable, sont couvertes de rizières et de cocotiers superbes. On distingue dans le groupe septentrional *Metelar*, *Kittam*, *Coreny* et *Amany*. Dans le groupe méridional, on remarque *Lacendy*, la plus considérable de toutes, *Karoly*, *Aque-laon* et *Kalpeny*, qui a une rivière dont l'embouchure peut recevoir des navires de deux cents tonneaux. Entre ces deux groupes est le passage connu sous le nom de *Canal de onze degrés*. Les habitans de ces îles sont Malabares, et paraissent être sous la protection des Anglais.

LETTRE XIX.

Inde en-deçà du Gange. — Ile de Ceylan. — Climat. — Productions. — Chasse aux éléphans.

L'île de Ceylan est située au sud-est de la presqu'île de l'Inde, en-deçà du Gange, dont la baie de Manaar, détroit resserré, rempli de bancs et d'écueils, et impraticable pour les gros vaisseaux, la sépare; elle est éloignée d'environ soixante lieues du cap Comorin. On estime la circonférence de cette île à trois cents lieues. On en compte cent de l'extrémité du nord à celle du sud. Sa largeur est très inégale; dans quelques parties, elle n'est que de quatorze à dix-sept lieues, en d'autres de vingt, de vingt-cinq et de trente-cinq.

Dans le sud, elle est plus considérable que dans le nord. L'île entière a la forme d'une poire.

Lorsqu'en naviguant on approche de Ceylan, cette île offre une verdure plus fraîche, et annonce plus de fertilité que la plupart des côtes de la péninsule. Toute la bande de terre unie qui fait le tour de Ceylan, aboutit à des bocages de cocotiers, et forme une plaine couverte de champs de riz. Le fond du tableau est ordinairement rempli par des bois qui tapissent les flancs des montagnes, et déploient, presque dans toutes les saisons, un feuillage d'une verdure admirable. Cet aspect enchanteur repose l'œil fatigué de celui des rivages du continent bordé sur tous les points d'un sable blanc et tout-à-fait aride.

La côte de l'est est haute et hérissée de rochers; celles du nord et du nord-ouest sont unies et dentelées de bras de mer nombreux et profonds. Le plus considérable s'étend presque d'un côté de l'île à l'autre, et forme la presqu'île de Jafnapatam. Plusieurs de ces bras de mer forment de petits ports, mais il y a tant de sable et de bas-fonds sur la côte, qu'il est impossible aux grands vaisseaux d'en approcher.

L'intérieur de l'île est rempli de montagnes hautes, escarpées, et couvertes de forêts épaisses, dont les intervalles sont coupés par des djengles impénétrables. Ces djengles sont des broussailles touffues d'arbrisseaux épineux. Les états du roi de Candy sont entourés de barrières de la même nature. L'île de Ceylan est à peu près divisée en deux parties par la chaîne des montagnes les plus élevées qui la sépare si complétement, que le climat et les saisons sont différentes dans chacune d'elles. Ces montagnes arrêtent presque entièrement l'effet des moussons qui se font sentir périodiquement de chaque côte de l'île ; de sorte que non-seulement la côte opposée, mais aussi tout l'intérieur, souffre peu des tempêtes qu'elles ont coutume de causer.

Ces moussons, qui correspondent assez communément à celles des côtes de Coromandel et de Malabar, commencent plutôt sur la côte occidentale de Ceylan que sur celle orientale. Les pluies périodiques tombent sur la première en mai, juin et juillet comme sur la côte de Malabar. Cette mousson, ordinairement très violente, est accompagnée de tempêtes épouvantables. Le tonnerre, les éclairs, les torrens de pluies ne discontinuent pas; le vent souffle du sud-ouest avec une impétuosité étonnante. La partie méridionale en ressent peu les effets; alors le temps est généralement sec. Dans les mois d'octobre et de novembre, quand la mousson contraire se fait sentir sur la côte de Coromandel, cette même partie de l'île l'éprouve, tandis qu'on l'aperçoit à peine dans la partie du sud.

Ces moussons passent légèrement sur l'intérieur du pays, rarement y ont-elles des suites fâcheuses ; il n'en est pas de même des orages affreux qui font de si terribles ravages dans les pays situés entre les tropiques. En mars et en avril les pluies périodiques tombent par torrens dans l'intérieur de l'île ; le fracas du tonnerre, la vivacité des éclairs, frappent les Européens de stupeur.

Ceylan, par sa proximité de l'équateur, a peu de différence dans la durée des jours et des nuits ; elle n'excède jamais quinze minutes. Les saisons y sont plutôt réglées par les moussons que par le cours du soleil. Le temps le moins chaud est celui du solstice d'été ; la saison la plus chaude dure depuis janvier jusqu'au commencement d'avril. La chaleur, dans le jour, est à peu près la même pendant toute l'année ; cependant la saison des pluies rend les nuits plus froides à cause de l'humidité de la terre, et de la continuité des vents durant la mousson. Le climat de Ceylan est en général beaucoup plus tempéré que celui de la presqu'île de l'Inde, quoiqu'elle soit sous une latitude plus méridionale. Cette île doit cet avantage aux brises de mer qui la rafraîchissent continuellement ; d'ailleurs elle n'est point exposée à ces vents de terre suffocans qui sont si insupportables sur le continent.

Toutefois cette température ne s'étend pas plus loin que les côtes, où les brises de mer peuvent parcourir un espace suffisant. Dans l'intérieur de cette île, l'épaisseur des bois et la hauteur des montagnes rendent la chaleur plus forte de plusieurs degrés, au point que, dans plusieurs parties, elle est étouffante, et rend le climat très malsain. Mais c'est un inconvénient auquel on pourrait remédier, si l'on abattait des forêts, et si l'on dégageait les djengles. L'expérience en a donné la preuve.

Les ports principaux, ceux où les grands vaisseaux peuvent aborder, sont ceux de

Trinquemale et de la Pointe de Galle; dans certaines saisons les navires peuvent aussi mouiller dans la rade de Colombo. Le reste de la circonférence de l'île offre également pusieurs petits ports pour les bâtimens qui ne sont pas de grande dimension; des rivières ont leur embouchure dans chacun de ces ports. Comme elles sont la plupart larges et profondes, elles sont d'une grande utilité pour la navigation de l'intérieur vers les côtes, et facilitent le transport des marchandises. Quoique leur cours soit fort paisible, on peut rarement les remonter à une grande distance. A leur passage entre les montagnes, elles sont hérissées de rochers, et si impétueuses qu'elles renverseraient le canot le plus léger.

Le *Malivaganga* et le Mallivaddy sont les fleuves les plus considérables. Le premier prend sa source dans les montagnes qui s'élèvent au sud-ouest de Candy, qu'il entoure presque de toutes parts; après un cours tortueux, il se jette dans la baie de

Trinquemale ; il est si profond qu'on ne peut le passer à gué qu'à une très petite distance de sa source ; les rochers dont son lit est rempli empêchent qu'il ne soit navigable. Le *Mallivaddy* sort du pied du pic d'Adam, montagne extrêmement haute, à vingt lieues au nord-ouest de Colombo; il se partage en plusieurs bras dont le plus étendu, nommé le Montoual, termine son cours à peu près à une lieue de Colombo, après avoir entouré presque entièrement une grande plaine dont il forme une très belle péninsule. Outre les nombreuses rivières de Ceylan, on y trouve beaucoup de lacs qui communiquent les uns avec les autres, notamment dans les environs de Colombo et de Nigumbo, par des canaux dont plusieurs sont très longs, et par conséquent très utiles pour le transport des marchandises.

Ceylan paraît avoir été divisé, dans l'origine, en plusieurs petits royaumes indépendans et séparés les uns des autres par des montagnes et des rivières. Les rois de Candy établirent à la longue leur domination sur l'île entière qu'ils partagèrent en cinq grandes provinces : Candy, Coïtou, Matoura, Dambadar et Sittivaca. Cette dernière renfermait les riches cantons de la côte de l'ouest où croît la cannelle. Ces provinces furent subdivisées en Cortès. Dans la suite leurs grandes divisions se réduisirent à deux : l'une comprenant tout ce dont les Européens s'étaient mis en possession, et l'autre, ce qui restait aux indigènes.

Le sol de Ceylan est généralement sablonneux et mêlé d'un peu d'argile; dans le sud-ouest, particulièrement aux environs de Colombo, il y a beaucoup de terres d'une nature marécageuse, qui sont très fécondes; on les consacre spécialement à la culture des cannelliers; le reste est employé à celle du riz.

Presque tous les fruits qui sont particuliers à l'Indostan et aux régions équinoxiales, croissent à Ceylan, y sont excellens et viennent presque sans culture. On y trouve aussi le bétel et l'arek qui sont d'un usage général parmi les habitans de l'Inde ; le poivre noir, le cardamome, le café, le cocotier et plusieurs autres palmiers sont aussi des végétaux communs dans cette île. Le palmier le plus beau est le talipot qui s'élève à une grande hauteur, et fournit un bois excellent pour la charpente. La fleur de cet arbre s'ouvre avec bruit, elle est jaune, d'une odeur désagréable et malsaine; il est surtout précieux par son feuillage qui forme un faisceau d'une figure gracieuse ; les feuilles sont parfaitement circulaires, se terminent par de beaux rayons, et se ploient comme un éventail auquel elles ressemblent. Aucun arbre n'en a de si épaisses et de si grandes; leur largeur est de près de quatre pieds, leur longueur est proportionnée à cette dimension, une seule suffit pour mettre dix personnes à couvert; on en fait des parasols ou des parapluies; leur tissu est si impénétrable qu'il procure aux habitans un abri plus sûr que leurs cabanes. Pendant les pluies violentes, on les voit souvent attroupés sous une feuille de talipot appuyée sur quelques perches; mais son odeur empêche que l'on n'établisse son domicile dans le voisinage de cet arbre.

Le talipot croît à la hauteur de soixante à soixante-dix pieds, pendant trente ans, sans pousser aucune fleur ni aucun fruit; au bout de ce terme, il sort de son sommet une nouvelle tige qui en moins de quatre mois s'élève de près de trente pieds. Alors toutes les feuilles tombent. La tige et l'arbre paraissent comme un mât de navire, et environ trois mois après, cette tige pousse diverses branches qui fleurissent pendant trois ou quatre semaines. Ses fleurs se convertissent en fruits qui ne mûrissent que dans l'espace d'une demi-année, mais en si grande quantité qu'un seul arbre peut en fournir tout une province. Alors la tige se sèche et l'arbre meurt. Le fruit est gros comme nos cerises; les filles en font des colliers et des bracelets dont elles se parent. Les soldats emploient les feuilles à faire des tentes; on en couvre les maisons; on s'en sert pour écrire comme de parchemin; on y trace les lettres avec un stylet de fer. Si on veut faire un livre, on les coupe en plusieurs pièces d'une même grandeur et d'une même forme. On écrit sur ces livres de gauche à droite, et quand ils sont remplis, on les attache à deux petites planches par le moyen de deux cordons qu'on passe à travers les feuilles qui composent le livre. La moëlle de cet arbre se réduit en farine, et on en fait des gâteaux qui ont le même goût que le pain.

L'arek est une espèce de noix que l'on mâche avec la feuille du bétel. Elle vient sur un arbre assez semblable au coco par sa hauteur et sa figure, mais la tige en est plus déliée et les feuilles plus courtes. Le fruit croît par pelotons comme les abricots. Il est oblong, de la grosseur d'une prune, blanchâtre et luisant, son écorce devient dure, serrée et rougeâtre. La chair qu'elle renferme est tendre; son noyau contient une amande blanche que les Indiens préparent avec le bétel, qu'ils mâchent continuellement.

Le bétel est une espèce d'herbe qui rampe comme les pois et le houblon, dont la tige est très faible, qu'il faut soutenir d'un échalas, et que l'on plante auprès de l'arek, auquel il s'attache comme le lierre. Sa feuille semblable à celle du citronnier, mais un peu plus longue, devient rougeâtre en se desséchant. Outre la noix avec laquelle on le prépare, on y met encore un peu de chaux faite avec des coquilles d'huîtres ou de moules. Rarement les particuliers se donnent la peine d'accommoder eux-mêmes le bétel. Les grands ont des domestiques qui le leur apprêtent;

les autres l'achètent tout préparé. On en trouve dans la plupart des boutiques, à tous les coins des rues, et même sur les grands chemins. On vend les feuilles apprêtées par paquets que l'on prend par douzaine, pour un prix très modique.

Les Indiens de tout sexe et de tout âge, mâchent le bétel en tous lieux, à toute heure et plus fréquemment que nous ne prenons du tabac. On ne les voit presque jamais sans leur voir du bétel dans la bouche. Dès qu'on entre dans une maison, soit pour affaire, soit pour visite, on en apporte à l'instant, et l'on en présente à la compagnie. On prétend qu'il rend l'haleine douce, qu'il affermit les gencives, nettoie et fortifie l'estomac. Les Chingulais lui attribuent la bonne santé et la longue vie dont ils jouissent assez généralement. Ce qu'il y a de sûr, c'est qu'il procure une salivation abondante, et rend les dents fort noires. C'est pour cette raison qu'il est peu d'Européens qui puissent ou qui veuillent s'y accoutumer. Il en est plusieurs à qui il fait mal au cœur, d'autres qu'il enivre; mais cette ivresse n'est pas de longue durée.

5. Le pipal ou figuier des Banians, le cotonnier, le tek, le nandho, le calamandar et beaucoup d'autres arbres ornent la campagne ou peuplent les forêts de Ceylan. Une plante remarquable est le bandoura ou népenthès; ses feuilles sont étroites, et leur nervure moyenne s'allonge en forme de vrille qui porte une urne membraneuse, oblongue, creuse, fermée à son orifice par une vulve en forme d'opercule. Cette urne est véritablement un phénomène rare parmi les végétaux; les fonctions auxquelles elle est destinée sont bien plus remarquables. Elle est ordinairement remplie d'une eau douce et limpide, et alors l'opercule est fermé; il s'ouvre pendant la chaleur du jour, et l'eau diminue de plus de moitié; mais cette perte se répare durant la nuit, de

sorte que chaque matin, l'urne est pleine et l'opercule fermé. Chaque urne est de la capacité d'un verre de grandeur ordinaire.

Les indigènes ont des plantations de cannes à sucre; ils en font du rhum, et aiment beaucoup à la mâcher. Le riz est la base de leur nourriture ordinaire; on le cultive principalement dans les plaines du sud-ouest de l'île. L'intérieur est tellement coupé de bois et de terrains escarpés qu'on n'a pas la facilité d'inonder les champs, condition sans laquelle le riz ne prospèrerait pas. On le sème en juillet et août; on le récolte en février; lorsque l'on a su profiter de la moisson, on en fait deux récoltes par an. On arrache la plante par touffes et on la fait sécher. Ensuite elle se foule aux pieds par des bœufs pour en détacher le grain qui plus tard est battu pour le dégager de la pellicule qui le recouvre.

Lorsque les rizières se trouvent sur le

penchant d'une colline, on les partage en terrasses étroites soutenues par des murs de terre qui ont trois pieds de haut et sont faits avec beaucoup d'adresse. Il en résulte des sentiers pour les cultivateurs qui sans cela seraient obligés d'entrer dans la vase jusqu'aux genoux. Les parties les plus élevées sont inondées les premières; l'eau s'écoule successivement sur les autres.

Indépendamment de cette sorte de riz qui est la meilleure, il y en a d'autres que l'on sème fréquemment, parce qu'elles n'ont besoin que d'une moyenne quantité d'eau. Celle que l'on désigne par le nom de paddy est médiocre. Le corocan est une petite graine semblable à celle de la moutarde; on la broie dans un mortier et on en fait des gâteaux. Le tanna est une autre graine qui fructifie beaucoup et qui n'exige presque point de culture; quand il est mûr, on le fait sécher au feu, puis on le bat dans un mortier pour le séparer de son enveloppe. Quand on le fait bouillir, il renfle plus que le riz, et quoique sec et insipde, il passe pour très sain. Les graines de tous les végétaux de l'Europe dégénèrent promptement dans ce climat; au bout d'un petit nombre d'années, elles ne donnent plus que des récoltes chétives; il faut les renouveler fréquemment.

L'agriculture des Ceylanais est encore très grossière. Leur charrue consiste en un morceau de bois recourbé, et revêtu de fer, qui déchire la terre plutôt que d'y faire des ouvertures. Après le premier labour le champ est inondé, puis on le laboure de nouveau et on le foule très soigneusement. Quand la saison de ce travail arrive, il devient une affaire générale; chaque habitant se met à l'ouvrage avec sa charrue et ses bœufs, et ne le quitte qu'après que les champs appartenant à la communauté sont finis. La même marche a lieu à l'époque de la récolte. L'indolence des Ceylanais les porte à employer toutes sortes d'expédiens pour échapper au travail.

La petite quantité de nourriture qui est nécessaire à leur subsistance les met en état de passer la plus grande partie de l'année à ne rien faire.

La plus importante des productions de Ceylan est le cannellier. Les principaux bois ou, suivant l'expression du pays, les principaux jardins de cannelliers sont à un demi-mille du fort de Colombo qui les protège. Le grand jardin qui aboutit à la ville, a près de cinq lieues de long, et s'étend du nord au sud du territoire. C'est là que la nature a réuni ce que l'île a de plus riche et de plus beau. Rien de plus délicieux que le paysage qui entoure Colombo. Le peu d'élévation des cannelliers qui couvrent la plaine permet à la vue d'atteindre les bosquets toujours verts que bordent et dominent de longues files de cocotiers et d'autres grands arbres. De petits lacs entourés de rizières et de beaux pâturages diversifient la scène. D'un côté les cannelliers entrelaçant leurs branches, semblent couvrir d'un riche tapis la surface de la plaine, et de l'autre les faibles ouvertures formées par les sentiers qui s'entre-croisent, démontrent que l'on a pénétré dans le sous-bois malgré son épaisseur. Une route très large qui commence à la pointe occidentale du fort, et finit à celle du sud, fait un circuit de près de trois lieues autour des plantations.

Le sol le plus propre au cannellier est sablonneux, blanchâtre et léger. Tel est celui des jardins de Colombo et de plusieurs parties des environs de Nigumbo et de Cattoura, où l'on recueille aussi de la cannelle d'une qualité supérieure. Celle de Matoura et de Pointe-de-Galle n'en diffère pas beaucoup, surtout lorsqu'elle vient des lieux voisins de la mer qui sont les plus favorables au cannellier. On en trouve fort peu dans le reste de l'île ; la petite quantité que l'on tire de l'intérieur, est plus épaisse et d'un goût plus âcre que celle des côtes.

La cannelle formant toute la richesse de Ceylan, on a soin de ne multiplier que les meilleures espèces de cannellier. Le laurier-cannellier donne la plus parfaite. C'est un arbre d'une grandeur médiocre; il a de quatre à dix pieds de haut; le tronc est délié, et il en part de tous côtés des branches. Le bois est léger, poreux; dépouillé de son écorce, il sert à faire du feu. Quelquefois on le scie pour le convertir en planches dont on fait des meubles. Son odeur ne le met pas à l'abri des piqûres des vers. Un grand nombre de drageons sortent du pied de l'arbre, autour duquel ils forment en grandissant un buisson touffu.

La feuille ressemble à celle du laurier franc, mais elle est moins foncée. On la reconnaît surtout à trois nervures longitudinales bien marquées qui ne sont pas coupées de nervures transversales. Quand elle se développe, elle est de couleur rouge; ensuite elle devient graduellement verte;

quand on la mâche, on lui trouve le goût du clou de girofle.

Les fleurs sont blanches et très nombreuses, mais il n'est pas vrai que l'odeur s'en fasse sentir à plusieurs lieues à la ronde, comme quelques voyageurs l'ont rapporté. Elle ne frappe que lorsqu'on arrache des feuilles ou quelques branches de l'arbre; la fleur même a moins d'odeur que la feuille. Le fruit est une baie qui ressemble à celle du laurier-franc; il mûrit à la fin de l'automne. Les Ceylanais le ramassent, le broient et le font bouillir pour en extraire une huile qui leur sert à oindre leurs cheveux les jours de cérémonie. On l'emploie aussi à brûler dans les lampes, et lorsqu'on y joint de l'huile de coco, elle donne une lumière très claire.

On n'estime que l'écorce de quatre variétés du laurier-cannellier; cet arbre porte chez les indigènes le nom de *couroundou* auquel ils joignent une épithète pour désigner l'espèce particulière de l'arbre. D'autres couroundous donnent des espèces moins recherchées. Il y a même des couroundous qui ne sont pas des cannelliers. Le davoul-couroundou est le laurier-cassa. Son écorce en séchant ne se roule pas. Le nica-couroundou a les feuilles longues et étroites; on le regarde comme une variété du camphre. Parmi les quatre couroundous que l'on écorce pour le gouvernement, le capouré-couroundou (cannellier-camphrier) est regardé comme inférieur aux autres; ses racines donnent du camphre par la distillation; et si l'on fait une incision à l'arbre, il en sort du camphre; le cabatti-couroundou a un goût âcre et stiptique.

On écorce les cannelliers deux fois par an. Ce qu'on appelle la grande récolte dure d'avril en août; c'est alors qu'on prépare la plus forte quantité de cannelle. La petite récolte ne dure guère plus d'un mois et se fait de décembre en janvier. Chaque canton où il croît des cannelliers est tenu de fournir annuellement une certaine quantité de cannelle, proportionnée à sa population. Moyennant cette redevance, chaque Ceylanais obtient la concession d'un terrain franc d'impôt.

Les hommes employés à écorcer les cannelliers sont appelés *chouliats*. Ils connaissent par l'expérience les arbres dont l'écorce est parvenue au point de maturité. Ils coupent avec une grande serpette, toutes les branches qui ont trois ans, râclent avec un couteau d'une forme particulière la pellicule qui recouvre l'écorce, et font à celle-ci une incision longitudinale pour l'enlever de dessus le bois. Tous les morceaux d'écorce sont insérés les uns dans les autres, suivant leur grosseur, puis on les étale, la chaleur les a bientôt fait sécher, et l'écorce prend la forme que nous lui voyons en Europe. On en fait des paquets pesant à peu près trente livres chacun, qu'on lie avec des brins de bambous fendus.

Lorsque la cannelle est déposée dans les magasins de la Compagnie, elle est soumise à un examen pour constater sa qualité. Des chirurgiens chargés de cette tâche mâchent un morceau d'écorce de chaque faisceau, ce qui finit par leur excorier la langue et le palais, et leur causer des douleurs si vives qu'ils ne peuvent continuer cette opération plus de trois jours de suite. Que de peines, que de maux pour une chose qui est d'une inutilité absolue ! à quoi servent le poivre et les autres épiceries si ce n'est à abréger notre existence?

En emballant les paquets de cannelle pour les embarquer, on remplit les vides qu'ils laissent avec du poivre noir qui conserve le goût de la cannelle, et qui étant d'une qualité plus chaude et plus sèche que cette écorce, en pompe toute l'humidité. Les balles sont faites d'une toile grossière en chanvre ou en fibres de coco, et doublées de laine, parce que les toiles ordinaires ne préserveraient pas assez la cannelle de l'évaporation de ses parties aromatiques. On a planté des cannelliers à Batavia, dans l'Ile-de-France, et sur la côte de Malabar; partout ils ont dégénéré; à Ceylan même ils ne croissent bien que sur la côte du sud-ouest.

Ceylan possède encore un arbre qui ne porte aucun fruit, et qui n'est remarquable que par la superstition des habitans. Ils le croient sacré, et lui rendent un culte qui par cette raison l'a fait appeler *l'Arbre-Dieu*. Dans toutes les parties de l'île, il en croît un grand nombre que les Chingulais se font un mérite de planter, et sous lesquels ils allument des lampes et placent des images.

Les vallées et les collines de Ceylan sont en tout temps couvertes de fleurs odoriférantes mais sauvages; on ne se donne pas la peine de les cueillir. Les jeunes gens en cueillent quelquefois pour mettre dans leurs cheveux, afin de les parfumer. Celle qu'ils appellent *sindrimal* est digne de remarque; il y en a de rouges et de blanches. Elle s'ouvre sur les quatre heures après midi, et demeure épanouie toute la nuit; le matin elle se referme jusqu'à quatre heures qu'elle se rouvre; elle leur sert d'horloge pendant l'absence du soleil. Il y a une autre fleur blanche qui a l'odeur du jasmin et est réservée pour le roi. L'usage est de lui en porter tous les matins un bouquet, enveloppé dans un linge blanc et suspendu à un bâton. Ceux qui le rencontrent sont obligés de se détourner par respect, afin de ne point profaner par leurs regards le bouquet de sa majesté.

L'île de Ceylan est riche en minéraux ; elle a été long-temps célèbre par les pierres précieuses que l'on y trouve. Ses rubis, ses topazes et ses diamans ne sont pas si estimés que les mêmes tirés des mines de l'Indostan et du Brésil; mais ses saphirs, ses améthistes, ses aigues-marines et ses tourmalines sont de la plus belle qualité. On cherche ordinairement ces pierres, ainsi la cannelle de l'évaporation de ses parties aromatiques. On a planté des cannelliers à Batavia, dans l'Ile-de-France, et sur la côte de Malabar; partout ils ont dégénéré; à Ceylan même ils ne croissent bien que sur la côte du sud-ouest.

Ceylan possède encore un arbre qui ne porte aucun fruit, et qui n'est remarquable que par la superstition des habitans. Ils le croient sacré, et lui rendent un culte qui par cette raison l'a fait appeler *l'Arbre-Dieu*. Dans toutes les parties de l'île, il en croît un grand nombre que les Chingulais se font un mérite de planter, et sous lesquels ils allument des lampes et placent des images.

Les vallées et les collines de Ceylan sont en tout temps couvertes de fleurs odoriférantes mais sauvages; on ne se donne pas la peine de les cueillir. Les jeunes gens en cueillent quelquefois pour mettre dans leurs cheveux, afin de les parfumer. Celle qu'ils appellent *sindrimal* est digne de remarque; il y en a de rouges et de blanches. Elle s'ouvre sur les quatre heures après midi, et demeure épanouie toute la nuit; le matin elle se referme jusqu'à quatre heures qu'elle se rouvre; elle leur sert d'horloge pendant l'absence du soleil. Il y a une autre fleur blanche qui a l'odeur du jasmin et est réservée pour le roi. L'usage est de lui en porter tous les matins un bouquet, enveloppé dans un linge blanc et suspendu à un bâton. Ceux qui le rencontrent sont obligés de se détourner par respect, afin de ne point profaner par leurs regards le bouquet de sa majesté.

L'île de Ceylan est riche en minéraux; elle a été long-temps célèbre par les pierres précieuses que l'on y trouve. Ses rubis, ses topazes et ses diamans ne sont pas si estimés que les mêmes tirés des mines de l'Indostan et du Brésil; mais ses saphirs, ses améthistes, ses aigues-marines et ses tourmalines sont de la plus belle qualité. On cherche ordinairement ces pierres, ainsi que les cornalines, les opales et de beaux cristaux, dans les ravins des montagnes et sur les bords des rivières : les pluies abondantes entraînent les pierres précieuses des parties les plus hautes de l'île dans les parties inférieures où elles restent dans les sables des rivières. L'intérieur de l'île contient du plomb, de l'étain, du fer, du mercure, des sources d'eau chaude.

Ceylan n'a qu'un petit nombre d'animaux domestiques. Les chevaux et les bœufs y ont été importés, et ont de la peine à y exister. Ils sont rarement plus gros qu'un veau d'un an en Europe. Ils ont une bosse sur le dos. On les emploie à traîner de l'artillerie, mais on leur préfère, pour les travaux, les buffles qui sont plus gros et plus forts. Les animaux sauvages sont très nombreux. On rencontre dans les forêts et dans les djengles des cerfs et des daims, dont une espèce est aussi petite qu'un chat. Il y a aussi des lièvres et des sangliers. Beaucoup de bêtes féroces infestent les forêts, entr'autres le léopard, la panthère, le chat tigre, le chacal; l'ours et la hyène y sont très rares. On rencontre partout des troupes de singes de différentes espèces. Il en est qu'on appelle *hommes sauvages*, parce qu'ils ont presque la taille et la figure d'un homme, et paraissent participer à son intelligence. Ils n'ont du poil qu'au dos et sur les reins. Ils sont agiles, forts et hardis, et se mettent en défense contre les chasseurs. On les apprivoise aisément; on les dresse à marcher sur les pieds de derrière, et à se servir des pattes de devant pour rincer des verres, verser à boire, tourner la broche, et pour d'autres petits offices. Il y en a qui ont le poil gris, le visage noir et de longues barbes blanches qui s'étendent d'une oreille à l'autre, et leur donnent précisément l'air d'un vieillard. D'autres, avec la barbe noire, ont le corps et le visage blancs; quelques-uns la face blanche sans barbe, mais avec de longs cheveux sur la tête qui tombent comme ceux d'un homme.

Les éléphans de Ceylan l'emportent par leurs qualités sur ceux des autres pays de l'Inde. On leur fait la chasse d'une manière particulière. A peu près un mois avant de la commencer, on enclôt un vaste terrain situé au milieu d'un bois de cocotiers, et près d'un étang. Cet enclos se fait avec des poteaux très forts, que l'on enfonce en terre, et que l'on attache les uns aux autres, avec de grosses cordes que l'on entrelace avec les branches des arbres voisins. On couvre les pieux d'une quantité de branchages pour bien les cacher. Des sentiers étroits, sinueux et prolongés garnis, de chaque côté, de palissades semblables à celles qui viennent d'être décrites, aboutissent de différentes issues à l'enclos; ils sont assez larges pour qu'un éléphant puisse y passer. On en pratique aussi d'autres plus resserrés par lesquels les chasseurs peuvent s'avancer en sûreté

CHASSE AUX ÉLÉPHANS.

vers l'animal, et se retirer sans qu'il puisse les poursuivre. L'enclos est partagé en plusieurs compartimens.

L'ouvrage achevé, les personnes qui l'ont dirigé rassemblent un grand nombre d'hommes, de femmes et d'enfans, qui se munissent de tambours et de toutes sortes d'instrumens bruyans. Cette multitude pénètre par différentes routes dans la forêt; lorsque la nuit arrive, elle dirige sa marche avec des torches. Tous les chasseurs ont des armes à feu pour se défendre contre les bêtes féroces. Pendant que cette troupe parcourt la forêt, des gardes placés près des lacs et des étangs, en écartent par leurs cris les éléphans qui voudraient venir s'y désaltérer. Repoussés de plusieurs côtés, ces animaux vont naturellement vers la partie de la forêt où règne le silence, et où ils espèrent trouver de l'eau; le bruit continuel de la foule qui les suit de près, les force d'accélérer leur marche. Arrivés à l'entrée des sentiers qui conduisent à l'enclos, leur sagacité leur fait remarquer le changement qui s'est opéré dans cet endroit de la forêt; ils semblent soupçonner les embûches qu'on leur a tendues; ils ont l'air consterné; mais il n'est plus temps de faire retraite; les clameurs qu'ils entendent de toutes parts ne leur laissent d'autre parti à prendre que d'entrer dans les sentiers.

Lorsqu'on les voit engagés dans l'enclos, on leur envoie des éléphans apprivoisés, et l'on ferme toutes les issues, à l'exception des sentiers étroits par lesquels les chasseurs s'avancent et emploient tous les moyens possibles pour les séparer et les attirer isolément dans les compartimens de la grande enceinte. Alors il ne s'agit plus que de jeter des cordes au cou et aux jambes de ces éléphans. Ceux apprivoisés sont d'un grand secours dans cette occasion, car ils font une partie de la besogne; semblables à ces peuples qui, devenus esclaves d'un maître, l'aident de tous leurs moyens pour asservir ceux qui jouissent encore de la liberté.

On conduit ensuite successivement chaque éléphant pris, à un sentier en ligne droite, qui mène hors de l'enclos, et quand il est sorti de ce labyrinthe, on l'attache à un gros arbre. Mais il arrive souvent que la fureur les transporte quand ils se voient privés de leur liberté. Dans ce cas on a encore recours à l'intelligence des éléphans apprivoisés. Quand ceux-ci s'aperçoivent qu'un des captifs est intraitable, ils se pressent contre lui, ils le frappent de leur trompe, jusqu'à ce qu'ils l'aient rendu parfaitement calme et soumis. Ils surveillent aussi ses mouvemens avec beaucoup de soin, et l'empêchent d'attaquer les gardiens.

On prit en 1797 cent soixante-seize éléphans à l'aide des mesures qui viennent d'être détaillées, et on les envoya sur le continent de l'Inde. Ce n'est point par l'énormité de la taille que les éléphans de

Ceylan l'emportent sur ceux de tous les autres pays; car ils sont généralement moins gros que ceux de l'Inde; mais il n'en est pas de plus robustes, de plus intelligens et de plus dociles. On ne s'en sert que pour lever et porter les fardeaux. L'éléphant prend la corde avec sa trompe et ses dents; il la tire, l'entortille, jette la charge sur son dos et s'en va. Les Ceylanais prétendent que les éléphans des autres pays reconnaissent la supériorité des leurs, et s'inclinent devant eux en signe de soumission, et leur rendent une sorte d'hommage.

Les espèces d'oiseaux sont très variées dans cette île. Toutes les volailles de l'ancien continent s'y trouvent. Les canards et les oies y sont très nombreux. Les bords des rivières sont peuplés de cigognes, de grues, de hérons, de poules d'eau. Les bécassines, les perdrix rouges, et les pigeons y sont très communs. Le pigeon cannelle, ainsi nommé, parce qu'il se plaît dans les bois de cannelliers, est d'un beau vert; il est aussi gros que notre pigeon commun; on estime sa chair qui est d'un goût délicat.

Les corneilles sont très incommodes. Il est difficile de les chasser des maisons qui, à cause de la chaleur, sont presque toutes à jour. Leur audace rappelle les harpies de la fable. Elles volent effrontément les mets sur une table entourée de convives, et fréquentent de préférence les lieux voisins des habitations de l'homme. Malgré le désagrément qu'elles causent, on les souffre parce qu'elles sont très utiles et que le service qu'elles rendent compense le tort qu'elles peuvent faire. Comme elles sont carnassières et voraces, elles enlèvent toutes les viandes corrompues, toutes les saletés, et toutes les bêtes mortes qu'elles peuvent trouver. Elles emportent aussi toutes les substances qui, si elles étaient laissées sur place dans un pays si chaud, causeraient une infection horrible, et occasioneraient probablement des maladies putrides. Ainsi on se garde bien de leur faire la chasse.

Les milans et les vautours qui sont la terreur des autres oiseaux, sont de même que les corneilles, d'un grand secours pour enlever les matières infectes partout où les troupes sont campées. On voit à Ceylan deux espèces de paons; les uns s'apprivoisent et ressemblent parfaitement à ceux qui se trouvent en Europe; les autres, plus gros, errent dans les forêts de l'île. Ce sont des oiseaux superbes dont le plumage jette un éclat qui ajoute à la beauté des forêts. Les gobe-mouches sont remarquables par la longueur de leurs queues; lorsqu'ils volent, il semble que ce soit une flèche qui fende l'air.

Les reptiles sont extrêmement communs, les serpens surtout sont nombreux à Ceylan. C'est un véritable fléau pour les habitans. D'énormes crocodiles infestent les rivières. Les lézards, les crapauds, des caméléons, des sangsues se trouvent en grande quantité dans toutes les parties de l'île. Les fourmis dévorent tout ce qui se trouve à leur portée. Mais l'ichneumon fait la guerre aux serpens, tandis que le talgoï attrape les fourmis en faisant pénétrer sa longue langue gluante dans les fourmillières, et la retirant dans sa bouche lorsqu'elle est chargée de ces insectes.

LETTRE XX.

Inde en-deça du Gange. — Ile de Ceylan. — Habitans divers. — Mœurs. — Coutumes. — Religion.

Les habitans de l'île de Ceylan peuvent être divisés en deux classes, les naturels ou Chingulais, et ceux qui sont d'origine étrangère. Ceux-ci sont des Malabares, et les autres des Maures ou Mahométans. Les premiers sont fixés dans les provinces du nord et de l'est, les Maures sont dispersés partout. Avant l'arrivée des Portugais dans l'île, les Chingulais en étaient probablement les seuls habitans. Ceux qui n'ont point quitté les montagnes paraissent avoir conservé le type des anciennes mœurs. Ces Chingulais tiennent des Indous pour la figure, le langage, les manières, les coutumes. Leur teint varie du brun clair jusqu'au noir. Ils ont généralement les yeux et les cheveux noirs. Plus grands que les Indous, ils sont plus petits que les Européens. Ils sont bien faits, ont la poitrine et les épaules larges, et ainsi que tous les montagnards, les jambes courtes et fortes. Leurs pieds et leurs mains sont si petits qu'ils paraissent disproportionnés. Ils ont ordinairement les traits réguliers, une physionomie spirituelle et animée. Leurs cheveux sont longs et touffus, et ils laissent croître leur barbe.

Les femmes sont bien faites et souvent jolies. « Il faut, dit un auteur du pays, « qu'une femme ait beaucoup de cheveux, « comme une queue de paon, qu'ils des- « cendent jusqu'aux genoux, et se termi- « nent en boucles gracieuses. Ses sourcils « doivent ressembler à l'arc-en-ciel, ses « yeux au saphir. Son nez doit être comme

« le bec d'un aigle; ses lèvres doivent
« être vermeilles et brillantes, ses dents
« petites, égales et serrées comme les
« boutons du jasmin; son cou doit être
« gros et arrondi, sa poitrine large; ses
« seins doivent avoir la forme de la noix
« de coco; il faut que sa taille soit assez
« mince pour tenir dans les deux mains,
« que ses hanches soient larges, ses extré-
« mités effilées, et que toute la surface
« de son corps soit arrondie, lisse, unie
« et délicate. » Les femmes se frottent
continuellement le corps d'huile de coco,
et ont surtout bien soin d'en oindre leurs
cheveux.

Les Chingulais sont d'une propreté
extrême, particulièrement pour ce qui
concerne la préparation des alimens,
ainsi que dans la manière de prendre leurs
repas. Ils poussent la précaution quand
ils boivent, au point de ne pas toucher le
vase avec les lèvres ; ils le tiennent à
quelque distance, et versent la liqueur

dans leur gosier. Jamais ils ne se servent de leur main gauche pour prendre leur nourriture. A table ils parlent peu. Ils sont généralement très sobres ; le riz et les fruits sont leurs principaux alimens ; partout où le poisson abonde, ils en mangent, mais ils consomment très peu de viande. Ils sont extrêmement polis, doux et probes, et ont d'excellentes qualités ; mais si quelque chose excite leur ressentiment, ils sont haineux et vindicatifs.

La division des castes est établie chez eux, comme parmi les Indous, mais avec moins de subdivisions. Ils reconnaissent une caste royale, une caste de brahmes, une caste de marchands, de cultivateurs et de bergers, enfin une quatrième composée de soixante subdivisions, et comprenant tous les arts mécaniques et plusieurs autres professions. Parmi celles-ci se trouve celle des barbiers qui sont chargés de faire régulièrement la barbe à l'idole de Boudha dans le temple de Candy.

Cependant comme le barbier ne pourrait porter ses regards sur la statue du dieu, sans la profaner, le prêtre la couvre d'un voile épais, puis il présente au barbier un miroir devant lequel celui-ci fait tous les signes de l'opération, après quoi, le dieu étant censé rasé, le prêtre se retire.

Indépendamment des subdivisions de la dernière caste, il y a encore deux classes d'hommes hors de caste; ce sont les Rodis et les Gottorous. Ceux-ci sont mis hors de la société, par la volonté du roi, pour leur conduite infâme; ils peuvent être réintégrés dans leurs castes; ils sont exempts de tout impôt et de tout service personnel. Les Rodis sont réputés infâmes par cela seul qu'ils mangent du bœuf; il leur est cependant permis de cultiver des terres qu'on leur alloue, à la condition de fournir les lanières de cuir que l'on emploie à prendre des éléphans. Les Rodis s'emparent du cadavre des bœufs et des vaches morts de maladie ou de vieillesse. Ils ne peuvent habiter que dans un hangard tout ouvert. Si un Rodi rencontre un homme de caste, il doit se détourner en élevant les mains en signe de respect ; si le chemin est trop étroit pour que tous deux ne puissent pas passer sans se toucher, le Rodi doit revenir sur ses pas. Quoique la condition des Rodis soit bien misérable sous les rapports sociaux, il paraît que le régime qu'ils suivent est favorable à leur développement et à leur santé ; c'est une race robuste et belle ; les femmes ont communément une figure remarquable. Elles font le métier de diseuses de bonne aventure; pour attirer l'attention elles font tourner adroitement sur leurs doigts une plaque de cuivre, en l'élevant au-dessus de leur tête.

Le vêtement des Chingulais consiste en un morceau de toile attaché autour de la ceinture et qui descend jusqu'aux pieds; ils arrangent autour de leur tête un mouchoir en forme de turban. Dans les jours de cérémonie, ils ont une veste courte, et si le privilége de leur caste le leur permet, ils se parent d'un bonnet et de chaînes d'or. Les femmes vont tête nue, et s'entourent la taille d'une pièce d'étoffe qu'elles rejettent par-dessus l'épaule gauche; elles ont, comme les hommes, une veste et des boucles d'oreille les jours de fête. Celles qui ont reçu des présens du roi peuvent seules se parer d'ornemens d'or, la propriété de ce métal appartenant exclusivement au monarque. Le luxe consiste à entasser vêtemens sur vêtemens. Un homme riche et d'un rang élevé porte sept à huit aunes de mousseline brodée, ou de riche étoffe autour des hanches, avec une veste bourrée de manière à augmenter considérablement la dimension de ses épaules.

La forme extérieure et le plus ou moins d'étendue des maisons sont réglées d'après la différence des rangs. Cette coutume qui démontre la barbarie de la société civile, est plus en vigueur chez les Candiens que chez les autres Chingulais habitués à vivre avec les Européens. Il n'est pas permis aux Candiens de blanchir leurs maisons, ni de les couvrir de tuiles ; cette dernière prérogative est celle du roi.

Les cabanes des Chingulais sont construites en pièces de bois minces, ou en claies de bambou mêlées d'argile; les différentes parties de cette charpente ne sont unies entre elles que par des liens de fibres de coco, ou par des brins de cannes; le toit est couvert de paille de riz ou de feuilles de cocotier. De petits bancs de terre sont adossés au mur tout autour de la maison; de même que les planchers, on les frotte de bouze de vache, afin d'en écarter la vermine, d'en tenir la surface polie et d'en faire écouler la pluie.

Les meubles ne consistent guère qu'en ustensiles de cuisine ; ce sont des pots de terre pour cuire le riz, un ou deux bassins de cuivre pour le servir : un pilon et un mortier pour le moudre, une pierre plate pour piler le poivre et autres assaisonnemens de ce genre; enfin une râpe pour les cocos. Les maisons des villages sont éparses au milieu d'une forêt; chacun place sa cabane au centre d'un bouquet de cocotiers sur l'emplacement le plus convenable qu'il peut trouver. Dans les cantons montagneux où les Chingulais sont exposés aux attaques des bêtes féroces, ou aux inondations, ils placent leurs cabanes sur un rocher, ou sur un arbre élevé. D'autres plantent en terre des poteaux sur lesquels ils posent une sorte de claie, qui leur sert de lit.

Les Chingulais conservent dans toutes leurs actions une gravité imperturbable. Ils sont très silencieux et très cérémonieux. Leur salut consiste à se couvrir le front avec la paume de chaque main, puis à faire une profonde inclination. Quand un Chingulais rencontre un homme d'une classe supérieure, il se prosterne pour ainsi dire à ses pieds, et il en répète le nom et les qualités de cinquante manières différentes; l'autre passe de l'air le plus solennel, et daigne à peine rendre le salut par un léger mouvement de tête.

Les femmes sont traitées à Ceylan avec beaucoup d'égards; leurs maris les regardent comme des compagnes; elles jouissent d'une pleine liberté, et la jalousie est inconnue dans cette île. Une femme peut violer les droits de la chasteté sans être condamnable, à moins qu'elle ne se livre à quelqu'un d'une caste inférieure à la sienne. Les parens, afin d'établir leurs enfans d'une manière convenable à leur rang, les unissent pendant qu'ils sont encore en bas âge, et fréquemment le mariage est rompu presque aussitôt que consommé. Souvent ceux qui veulent se marier habitent préalablement ensemble, afin d'éprouver mutuellement leur caractère. S'ils ne se conviennent pas, ils se quittent sans cérémonie, et il n'en résulte aucune défaveur ni pour l'un ni pour l'autre.

Lorsqu'un mariage est décidé, le futur envoie en présent à la femme qu'il doit épouser une pièce de toile de coton longue d'environ six aunes, et une seconde qui doit se placer sur le lit. Le soir il arrive avec tous ses parens. Chacun apporte ce qu'il peut fournir du festin. Les deux époux mangent en présence de l'assemblée d'un certain mets pour prouver qu'ils sont de la même caste ; on les attache ensuite l'un à l'autre par les pouces, puis le plus proche parent ou prêtre les détache, ce qui termine la cérémonie. Cette manière de se marier ne lie que faiblement les époux. Lorsqu'on veut rendre le mariage aussi indissoluble que les mœurs des Chingulais le permettent, on enveloppe ensemble les deux mariés avec une longue pièce d'étoffe, qui leur fait plusieurs fois le tour du corps, et le prêtre qui préside toujours à cette cérémonie, tandis qu'il assiste rarement à l'autre, répand de l'eau sur eux.

Quel que soit le cérémonial que les époux aient adopté, ils passent toujours la première nuit de leurs noces dans la maison des parens de la femme. Le lendemain matin, ils se rendent à celle du mari accompagnés de leur famille qui apporte des provisions pour un autre festin. Dans cette marche, la femme précède son mari de quelque distance, de manière néanmoins qu'il ne la perde pas de vue, dans la crainte qu'on ne la lui enlève. Le jour de la noce s'écoule ordinairement dans le plaisir de la table, et dans la joie, et ceux à qui leurs facultés le permettent ne manquent pas d'appeler des danseurs et des musiciens. Les divertissemens se prolongent assez ordinairement jusqu'au jour.

La dot de la femme est toujours proportionnée à la fortune des parens. Si les jeunes époux ne sont pas en état de tenir leur ménage, ils vivent chez les parens de l'un ou de l'autre. Si, après le mariage, ils trouvent qu'ils ne se conviennent point, ils se séparent sans façon, et la femme remporte sa dot. Souvent hommes et femmes se marient et font divorce plusieurs fois, avant de trouver un époux ou une épouse avec qui ils se décident à passer leurs jours. Les Chingulaises ont des manières plus engageantes et sont plus gracieuses que les femmes de l'Inde. Leur grande propreté flatte infiniment les Européens, quoique ceux-ci aient de la peine à s'habituer à l'odeur de l'huile de coco dont elles se frottent le corps.

De même que les autres habitans des pays chauds, les Chingulais aiment passionnément le bain. Ils se plongent dans l'eau plusieurs fois par jour. C'est pour eux une sorte de partie de plaisir; mais comme ils ont à craindre les crocodiles, pour se garantir de ces redoutables animaux, ils entourent d'une forte palissade, sur le bord d'une rivière ou d'un étang, un espace suffisant pour se baigner et s'exercer à la nage.

Les Chingulais connaissent peu de jeux, et en général il est difficile de trouver un peuple moins gai. On pense que leurs fréquentes contestations avec les Portugais et les Hollandais, ont, avec le gouvernement tyrannique du roi de Candy, contribué à les éloigner des plaisirs. Aucun d'eux ne cherche à apprendre les tours d'adresse pour lesquels les Indous sont si fameux. Les jongleurs que l'on rencontre à Ceylan y sont venus du continent.

La langue des Chingulais tire son origine du sanscrit. On dit qu'elle est harmonieuse, variée, et très régulière, quoique fort compliquée. On distingue dans leur idiome comme trois langues distinctes, l'une pour parler au roi, l'autre pour parler aux ministres de la religion, la troisième pour les usages ordinaires de la vie. Les Chingulais, ayant des castes supérieures et inférieures, ont encore une langue noble et une langue ignoble. La première s'emploie dans les écrits sur les matières sérieuses, la seconde est réservée pour la conversation. Les habitans des territoires maritimes ne connaissent guère que ce dernier dialecte. Enfin la religion a une langue à elle; c'est le bali, langue morte, dérivée du sanscrit auquel elle ressemble beaucoup, et qui est également en usage parmi les prêtres birmans et siamois.

L'étude de la langue est regardée comme la plus importante de toutes; on s'en occupe universellement dans l'intérieur de l'île. Beaucoup de Chingulais sont bons grammairiens. Tous les prêtres doivent savoir le bali ou pali; plusieurs savent le sanscrit. Le peuple sait assez généralement lire et écrire; mais cette instruction ne s'étend pas aux femmes; le petit nombre de celles qui la possèdent ne l'ont acquise que depuis leur mariage.

Les Chingulais ne connaissent pas l'imprimerie. Ils écrivent très vite et très proprement, avec un poinçon de fer, sur des morceaux de feuilles de talipot, qui ont subi une préparation particulière. On fait ensuite paraître les caractères, par le moyen d'un enduit d'encre composée de gomme et de noir de fumée. La feuille de talipot qui sert de papier, est convenable au climat de Ceylan. Elle y est plus durable que le papier d'Europe qui y est promptement rongé par les vers. Notre encre s'y efface aussi au bout de quelque temps. Ils ont beaucoup de livres, leurs volumes sont très gros, et ces manuscrits sont bien moins chers que ne l'étaient ceux d'Europe, avant l'invention de l'imprimerie. Leurs ouvrages embrassent la théologie, l'histoire, la poésie, la médecine et l'astrologie. Les savans font parade de leur érudition en multipliant dans leurs livres les citations de pali et de sanscrit.

Presque tous les Chingulais sont poètes, ou du moins versificateurs bons ou mauvais. Toute leur poésie est chantée, et ordinairement sur sept airs différens, selon les sujets. Leur air favori se nomme le *trot du cheval*, et imite en effet cette allure. Leur musique, qu'ils préfèrent à la nôtre, est extrêmement simple. Ils ont sept instrumens grossiers, dont cinq tambourins de forme bizarre, une espèce de flageolet et un violon informe à deux cordes. Ce dernier instrument ne se voit guère que dans les mains des aveugles qui vont de village en village. Les tambourins sont très bruyans; on les emploie dans les cérémonies religieuses; le flageolet a un son aigu qui rappelle celui de la corne-muse. On ne chante jamais de vers sans faire entendre en même temps l'un des tambourins, de sorte que cet instrument est presque continuellement entre les mains des grands, surtout le soir.

La religion des Chingulais est le bouddhisme. Ils croient à un être suprême, créateur et souverain maître du ciel et de la terre, et à Bouddha sauveur des ames. Bouddha est déjà venu quatre fois sur la terre; à sa dernière apparition, il portait le nom de Goutama. Elle date de cinq cent quarante-trois ans avant notre ère; cette époque est une de celles qui dirigent les Chingulais dans le calcul du temps. Bouddha n'a rien écrit. Ce n'est que 218 ans selon les uns, et selon d'autres 400 ans après sa mort, que ses doctrines ont été réunies en cinq ouvrages si volumineux, que la vie d'un homme ne suffit pas à les étudier. Ainsi les prêtres ont beau jeu pour les interpréter à leur fantaisie, et suivant leur intérêt.

Candy renferme deux grands colléges ecclésiastiques; tous les prêtres de l'île appartiennent à l'un ou à l'autre de ces établissemens. Chaque temple a au moins un, et quelquefois jusqu'à trente prêtres qui y sont attachés toute leur vie. Ils gardent le célibat et vivent des dons de la charité ou de la piété des fidèles. Chaque village a au moins un temple, avec une maison pour le prêtre qui le dessert. On voit dans ces édifices l'image de Bouddha et des génies protecteurs. Ils sont presque tous placés près des rivières, dans des lieux pittoresques, à l'ombre de grands arbres. Ils sont tenus très proprement et souvent ornés avec une sorte de magnificence.

Les jours plus particulièrement consacrés à la prière dans les temples, sont le mercredi et le samedi; les malades ou ceux qui souffrent y vont tous les jours. Au mois de juin ou de juillet, de grandes fêtes se célèbrent au renouvellement de la lune. Le concours du peuple dans les temples est fort grand. La fête doit être chômée pendant quatre jours, cependant le peuple travaille comme à l'ordinaire. A la pleine lune, au mois de novembre, on célèbre une autre fête pendant la nuit; le peuple donne de l'huile pour éclairer les temples tant que dure la solennité.

Les prêtres sont très respectés; personne, pas même les plus grands personnages, n'ose s'asseoir en leur présence; chacun, quel que soit son rang, s'incline à leur passage. Lorsqu'ils sortent, on porte devant eux la portion la plus large de la feuille de talipot. Il est vrai que leur conduite est exemplaire. On en attribue la cause à la liberté qu'ils ont de renoncer au sacerdoce, s'ils ne se sentent pas la force de se conformer aux obligations sévères qui leur sont imposées.

Le peuple en général n'est point initié dans la connaissance des mystères de la religion. On se borne à lui enseigner ce qu'il doit croire et ce qu'il doit faire. Il doit adorer Bouddha et le reconnaître comme parfaitement sage; il doit avoir foi à sa doctrine, et la regarder comme le moyen de faire son salut. Les prêtres lui recommandent de faire l'aumône, de méditer sur l'incertitude de cette vie terrestre, de vivre d'une manière profitable aux autres et à soi-même. La pureté de la morale de cette religion est excellente, mais elle est associée à un système religieux absurde, et dans lequel règne la plus grossière superstition.

Les Ceylanais ont aussi des génies protecteurs de l'île, et d'autres divinités qu'ils adorent comme Bouddha. Il y en a de différens ordres parmi lesquels les démons jouent un grand rôle. La peur est le principe des hommages qu'on leur rend. Le peuple s'adresse à eux dans les cas de malheurs extrêmes ou de graves maladies. Il croit que les fous et les gens attaqués de convulsions sont possédés par un démon. Dans ces circonstances on a recours aux hommes qui ont le pouvoir de chasser les démons, et l'on exécute ce qu'on appelle la *danse du diable*. C'est une cérémonie bizarre; on passe la nuit à danser, à prier, à couper des citrons; elle se termine par l'offrande d'un coq. En France, on délivrait autrefois les possédés du démon, cela s'appelait l'exorcisme ; nos prêtres ont eu le bon esprit de renoncer à cette absurde cérémonie qui se pratiquait aussi la nuit, dans l'église connue sous le nom de Sainte-Chapelle.

Le mont Hamallyl, ou pic d'Adam, la plus haute montagne de l'île, qui s'élève à plus de mille toises au-dessus de la mer, et situé à environ dix-sept lieues au nord-est de Colombo, est particulièrement consacré à Bouddha. Suivant la tradition des Chingulais, c'est du haut de cette montagne que Bouddha jeta un dernier regard sur la terre avant de monter au ciel. On montre sur la cime du mont l'empreinte du pied de ce sauveur des ames, où les Chingulais vont en foule l'adorer. Le Hamallyl est si escarpé, qu'en plusieurs endroits, il a fallu tailler dans le roc des degrés pour aider les voyageurs à l'escalader. En approchant du sommet la montée est si roide que l'on y court de grands dangers. Pour y obvier, autant que possible, on a fixé sur les flancs du mont des chaînes auxquelles on s'attache. Cependant malgré ce secours il arrive des accidens, et des malheureux, à qui la tête tourne, tombent dans le précipice qui est à leurs pieds, et où ils sont brisés et mis en pièces. On choisit la nuit pour entreprendre ce voyage. On fait la première partie de cette course pénible, et le lendemain matin on traverse une forêt touffue jusqu'à l'endroit où l'escarpement ne permet pas d'aller autrement qu'à pied.

Le sommet du mont n'a que soixante-quatorze pieds de longueur sur vingt-quatre de largeur; cet espace est entouré d'un mur de pierre; au milieu de cet enclos un rocher haut de huit pieds offre l'empreinte sacrée; elle est peu profonde et a plus de cinq pieds de long sur deux pieds six à sept pouces de large. Elle est garnie d'un rebord en cuivre, orné de pierres précieuses, et recouverte d'un toit soutenu par des colonnes. Le plafond de ce sanctuaire est doublé d'étoffes; les bords sont couverts de fleurs, et il est enceint d'une balustrade. Sur le plateau inférieur est un petit temple et une maisonnette où demeure le prêtre chargé de réciter les prières pour les pélerins; il leur fait répéter la profession de foi et leur donne sa bénédiction. Ensuite les Chingulais se saluent affectueusement entre eux, et resserrent par des témoignages d'amitié, les liens qui les unissent les uns aux autres. Le bouddhisme recommande l'usage des chapelets dont on compte les grains un à un en récitant des prières.

Les Chingulais croient à l'immortalité de l'ame, et sont persuadés qu'aussitôt après la mort d'un homme juste, son ame est admise dans le séjour céleste, où elle doit demeurer éternellement; tandis que l'ame d'un méchant, et surtout celle d'un tyran ou d'un prêtre impie passe dans le corps de quelque reptile ou d'un animal féroce. Les cérémonies funèbres sont de la plus grande simplicité; le corps est enveloppé d'une natte ou d'une pièce d'étoffe, et ensuite déposé dans le lieu solitaire destiné aux inhumations. Le cortége est accompagné d'un prêtre qui récite des prières.

Ces peuples sont très peu avancés dans la carrière des connaissances humaines, ils n'ont aucune idée de la géométrie, et à peine quelques notions d'arithmétique. Ils ont long-temps ignoré l'emploi des chiffres, et n'employaient que des lettres pour exprimer les nombres. Ils ont adopté les chiffres des Malabares et en font usage d'après le système décimal. Ils ont également emprunté de cette nation les tables de multiplication, mais ils s'en servent moins que de leurs doigts. Leur manière de mesurer les distances est singulière et ne saurait être fort exacte. On la détermine par l'espace auquel parvient la portée de la voix d'un homme qui crie. Quarante-deux portées font une journée de marche, qui répond à peu près à huit lieues, ce qui suppose la portée de la voix d'un quart de lieue. Pour de plus petites mesures, ils calculent d'après la longueur du bras, et la hauteur à laquelle un homme peut atteindre avec la main. Les charpentiers emploient, pour mesurer, la seconde phalange de l'index.

Les Chingulais divisent la terre à peu près comme nous avec cette différence que le premier jour de leur année correspond au vingt-huit de notre mois de mars. Pour mettre les années bissextiles en rapport avec les autres, ils ajoutent un jour à celle qui finit. Ils partagent en quinze heures l'espace de temps durant lequel le soleil est sur l'horizon, ils en donnent un pareil nombre au reste de la journée; division assez régulière, parce que la longueur des jours diffère peu de celle des nuits sous la latitude de cette île. L'état de la société, parmi les Chingulais, n'exige pas qu'ils aient des pendules pour mesurer le temps avec beaucoup de précision; cependant avant l'arrivée des Européens, ils avaient une espèce d'horloge; c'était un vase percé par le fond, que l'on remplissait d'eau, et qui se vidait en une heure, suivant leur manière de diviser la journée. Ce moyen leur suffisait, et rarement on l'employait ailleurs qu'à la cour.

Les Chingulais sont fort adonnés à l'astrologie. Chacun des jours de la semaine est placé sous la protection d'une planète, et chacune des heures de la journée est mise sous l'influence d'une étoile fixe. Outre le mois lunaire, ils ont un mois astrologique, qui n'a que vingt-sept jours répondant aux constellations. La subdivision de ce jour astrologique est très compliquée. Fermement persuadés que les astres influent sur les affaires humaines, ils cherchent à mettre toutes leurs actions d'accord avec le mouvement des planètes. Ils s'informent aussi souvent de l'heure astrologique que de celle du jour. Le premier soin des parens, à la naissance d'un enfant, est de faire tirer son horoscope. Jamais l'heure de la célébration d'un mariage, et parmi les hautes classes de la société, le mariage même, n'est arrêté sans le concours des astrologues. Les combinaisons de l'astrologie exercent leur puissance sur toutes les affaires de la vie. La médecine se lie à l'astrologie et n'est qu'un tissu de conjectures plus ou moins erronées. La science de l'anatomie est inconnue. La chirurgie se borne à cautériser les plaies, à appliquer des ventouses et à saigner dans certains cas fort rares. Leur physiologie est un ramas d'absurdités, et ils ne connaissent de la chimie que les infusions, les décoctions, les extraits et la distillation.

Les Chingulais ont fait plus de progrès dans les arts que dans les sciences. La peinture est cependant peu avancée chez eux, car ils ignorent complétement la perspective ; ils ne visent qu'à frapper l'œil par l'éclat des couleurs, qui sont effectivement assez vives. Ils emploient l'orpiment pour le jaune, l'indigo pour le bleu, le cinabre pour le rouge, le noir de fumée pour le noir, et le carbonate de chaux, mêlé avec le carbonate de magnésie, pour le blanc. Ils les fixent avec de la gomme, et ne connaissent pas l'usage de l'huile. Ils se servent habituellement de la laque qu'ils nomment *kapitia*, et dont ils font quatre couleurs : vert, rouge, jaune et noir; ils l'étendent sur le bois ou sur le métal en couches minces, et lui donnent un très beau poli, cela leur sert à vernir des meubles et divers ustensiles.

Les progrès dans la sculpture ont été plus heureux que dans la peinture. Les images de Bouddha qu'on multiplie sans cesse, donnent de l'occupation à beaucoup d'artistes. On voit dans les temples des statues de ce saint par excellence, soit en pierre, soit en bois, et même en terre, de toutes les dimensions, depuis les plus petites jusqu'aux proportions colossales. Le sculpteur ne peut donner à Bouddha que trois attitudes. Il doit le représenter debout, assis ou couché, et toujours avec le vêtement sacerdotal. La moindre innovation serait considérée comme une impiété. Les statues sont toujours coloriées ; les yeux ont une pupille ; l'acte d'achever l'œil est regardé comme très important, et même mystérieux, parce que du moment où il est terminé, la statue reçoit le caractère de la divinité; jusqu'à ce moment, elle n'était qu'un bloc de pierre ou de bois; quand les yeux sont faits, l'artiste se prosterne devant son ouvrage et l'adore.

Les Chingulais connaissent assez bien l'art de fondre les métaux et de modéler. Ils jettent en bronze des figures qui sont remarquables. On voit à Candy une statue de Bouddha en bronze, qui n'est pas sans mérite, et qui serait admirée même en Europe. Il n'en est pas ainsi de l'architecture; cet art ne paraît pas avoir jamais été poussé à un haut point de perfection à Ceylan. Les temples que l'on y trouve en grand nombre sont en quelque sorte l'œuvre de la nature. La main de l'homme a à peine embelli ces grottes. On rencontre çà et là des ruines dans le genre d'architecture des Indous. Les temples des dieux subalternes rappellent quelquefois, dans les ornemens, l'architecture grecque; ceux de Bouddha ont le caractère chinois. Dans les plus anciennes ruines, on voit des voûtes en pierre qui se projettent successivement les unes au-dessus des autres, jusqu'à ce qu'elles se joignent ; dans les ruines plus récentes la voûte se soutient par la taille des pierres. L'aspect de l'édifice et des ruines donne lieu de présumer que l'architecture a décliné dans ce pays depuis la fin du sixième siècle.

L'orfévrerie fait honneur au talent des Chingulais. Avec des instrumens très simples, ils fabriquent des ouvrages que les meilleurs ouvriers européens ne pourraient s'empêcher d'admirer. Ils n'entendent pas aussi bien l'art de tailler les pierres que celui de les monter; ce qui vient de ce qu'à la cour de Candy on portait les pierres précieuses simplement polies et non taillées. On fond le fer dans des fournaises, sans y apporter beaucoup de soin, néanmoins la qualité du métal est excellente. Il est probable que les Chingulais ont l'art de faire l'acier par cémentation; du moins ils ont un procédé qui consiste à faire chauffer fortement le fer dans la poussière de charbon, en y joignant des herbes dont le choix est mystérieux. Leurs serrures, leurs platines de fusil, sans être aussi bien fabriquées que les nôtres, remplissent parfaitement leur objet. Les ouvriers en fer mettent les instrumens à l'abri de la rouille, en les couvrant d'une couche mince de cire fondue. Ils fabriquent des pierres à aiguiser en réduisant le corindon en poudre impalpable qu'ils mêlent avec la laque fondue; puis ils versent ce mélange dans un moule. Cette substance acquiert en refroidissant une dureté extrême.

Les Chingulais trouvent le nitre dans des grottes. Ils ne réduisent pas en grain la poudre à tirer; ils l'emploient dans son état de poussière. Elle s'enflamme promptement, et son explosion est assez forte. Elle laisse peu de résidu. Suivant la tradition du pays, ce sont les Portugais qui y ont introduit l'usage des armes à feu. La poterie n'est point vernie, et cependant d'un bon usage; la forme des vases rappelle souvent celle des vases antiques. L'art de tisser n'a fait aucun progrès dans cette île. Le métier de tisserand est de la simplicité la plus grossière; on n'y fabrique que des toiles communes.

On voit à Ceylan une classe d'habitans qui portent le nom de Bedahs ou Vedahs, qui n'ont jamais voulu reconnaître l'autorité du roi de l'île, et qui vivent indépendans de toute puissance. Ils occupent principalement les forêts touffues de la partie septentrionale, entre les montagnes et la mer. Les uns sont sauvages, les autres ont un commencement de civilisation. Ils sont partagés en plusieurs familles qui possèdent en propre un canton particulier, et ont chacune un chef qui les gouverne. Ces petites ligues vivent dans la plus grande union, et si quelque puissance étrangère les attaque, elles se réunissent contre l'ennemi commun. Chaque district a une garde de soldats qui défendent l'enceinte de ses habitations, et n'y laissent entrer aucun étranger, sans la permission du chef. Les voyageurs à qui l'on permet de traverser le pays sont observés avec la plus grande attention, et la garde qui leur a livré le passage, les accompagne jusqu'à l'entrée du district voisin.

Ces insulaires ont le teint plus clair que les Chingulais, et se rapprochent davantage de la couleur du cuivre. Ils sont bien faits, braves, généreux, humains, portent la barbe longue, ont les cheveux relevés sur le sommet de la tête et vont presque nus. Leur taille est petite, leur corps gros et très robuste. Ils ont pour armes des flèches, et un arc d'une extrême longueur, armé d'une pointe de fer, qu'ils plantent en terre, lorsqu'ils décochent leurs traits. Cet arc leur sert aussi de lance. Ils sont très habiles à la course. Les plus sauvages se nourrissent de leur chasse et du fruit qu'ils recueillent; ils habitent les bords des rivières, et passent la nuit sous le premier arbre qu'ils rencontrent, mais ils ont soin de placer autour d'eux quelques branches pour être avertis de l'approche des bêtes farouches par le bruit qu'elles font en traversant les feuilles. Cette vie errante ne les prive pas cependant de toute communication avec leurs voisins, mais ils n'en ont aucune avec les autres habitans de l'île. Ceux qui ont un commencement de civilisation demeurent dans des cabanes d'écorce d'arbres, cultivent le millet, se nourrissent de racines ainsi que du produit de la chasse.

Les plus rapprochés des Chingulais échangent avec eux de l'ivoire, du miel, de la cire, et des peaux des bêtes fauves, contre du fer et des toiles grossières. Mais pour cette opération, ils prennent des mesures qui ont été employées dès la plus haute antiquité par les peuples sauvages. Dans la crainte d'être surpris, ils s'approchent pendant la nuit d'un village, et déposent dans un lieu fréquenté une certaine quantité de leurs marchandises qu'ils recouvrent d'une feuille de talipot. La nuit suivante, ils reviennent au même endroit, et y trouvent ordinairement ce qu'ils désirent. Il est facile de les satisfaire, et le marché est toujours à l'avantage de ceux qui traitent avec eux. Les Chingulais, à qui ce trafic est profitable, s'enfoncent quelquefois dans les forêts pour proposer des échanges aux Vedahs, et se servent du même expédient, pour ne pas les effrayer par la vue d'un étranger.

Les Vedahs paraissent adorer des divinités qui peuvent être comparées aux démons des Chingulais. Ils observent certaines fêtes, pendant lesquelles ils déposent des vivres au pied d'un arbre et dansent à l'entour. On ne sait rien sur leur origine. On a supposé qu'ils étaient les véritables aborigènes de Ceylan, et que leurs ancêtres, accablés par les Chingulais qui s'étaient emparés de l'île, avaient préféré la vie sauvage à la soumission. Suivant une autre tradition, ils furent jetés ou abandonnés sur les côtes de Ceylan, et s'y établirent. Mais ayant dans la suite refusé d'aider le roi dans une de ses guerres, il les aurait fait chasser des lieux habités par ses sujets, et contraints de se réfugier dans le fond des forêts. Quelques personnes supposent que les Vedahs ne sont que des Chingulais qui ont persisté dans l'état sauvage, mais cette opinion manque de probabilité, puisque ces Vedahs parlent un langage particulier.

Les Portugais de Ceylan sont presque aussi noirs que les Chingulais. Cette classe nombreuse est un mélange de Maures, ou Malais, et de Malabares, et d'hommes issus de l'union des Chingulaises avec les différens Européens qui ont eu des possessions dans l'île. Un vêtement moitié indou, moitié européen, et un teint qui approche plus du noir que du blanc, sont tout ce qu'il faut pour prendre le nom de Portugais. Ces Portugais affectent d'adopter les modes européennes; ils portent des chapeaux et des culottes, des souliers et une veste. La plupart sont catholiques. On trouve aussi dans l'intérieur de l'île des Chingulais chrétiens qui adorent la vierge Marie, et font leur prière devant une image de notre Seigneur. Ils baptisent leurs enfans et font bénir leurs mariages par un prêtre qui ne sait pas lire, mais qui récite les prières de mémoire. Ces chrétiens paraissent descendre des naturels de l'île que les Portugais avaient convertis, et qui ont persisté dans le christianisme.

LETTRE XXI.

INDE EN-DEÇA DU GANGE. — Ile de Ceylan. — Candy Trinquemale. — Jaffnapatam. — Pêche des perles. — Nigumbo. — Colombo.

Candy, ancienne capitale des états du roi de Ceylan, détrôné par les Anglais en 1817, est à ving-cinq lieues au nord-ouest de Colombo, et à trente-deux au sud-ouest de Trinquemale, dans une situation pittoresque, au milieu de collines escarpées et de hautes montagnes couvertes d'une verdure perpétuelle de forêts et de broussailles. Le Malivaganga entoure presque entièrement le rocher sur lequel la ville est bâtie; ce fleuve est large, rocailleux et rapide. Lorsque les Anglais prirent possession de Candy, ils virent que ce n'était qu'une chétive bourgade entourée d'un mur de terre. Elle ne consistait qu'en une rue, terminée par le palais du roi qui n'avait rien de remarquable. Le climat y est frais ; la hauteur moyenne du thermomètre est de dix-huit degrés. Les Européens s'en étaient emparés plusieurs fois; alors, le roi se retirait dans les parties les plus inaccessibles de ses états. De fortes haies d'arbres épineux entrelacés, qui entrecoupaient les défilés par lesquels on pouvait arriver, formaient les principales fortifications de cette ville.

Le royaume de Candy présente beaucoup de villes ruinées. Sur la route de la capitale à Trinquemale, on rencontrait *Aletti-Neour*, où le roi avait autrefois des magasins de grains et d'autres provisions. Les Portugais l'avaient réduite en cendres. Des restes de pagodes et d'autres temples attestaient son existence passée ainsi que celle de plusieurs autres villes, et montraient en même temps que les Chingulais tendaient à se policer et à s'enrichir, lorsque l'invasion des Européens portugais et hollandais priva ces insulaires de tous moyens de communication avec les nations étrangères, et les empêcha d'en adopter les arts et les coutumes.

Les ruines d'*Anourodg-Borro*, jadis résidence des rois de Ceylan, qui même y avaient leur sépulture, sont situées sur les confins du territoire de Jaffnapatam, dans le nord de l'île ; elles annoncent que cette ville était grande et magnifique. La distance de Candy et les terreurs de la cour étaient cause que des prêtres et quelques Chingulais fréquentaient seuls ce lieu pour y prier sur le tombeau de leurs saints. Les Portugais s'étant emparés de cette cité, y commirent de plus grands ravages que dans les autres parties de l'île ; ils renversèrent impitoyablement les édifices religieux, et enlevèrent les meilleurs matériaux pour fortifier Colombo, et les autres places qu'ils avaient construites sur le bord de la mer. Ce sacrilége, effet du fanatisme, fut ce qui contribua le plus à leur aliéner les esprits ; aujourd'hui même les Chingulais ne parlent des Portugais qu'avec horreur.

Trinquemale, si renommée par son port, est environnée d'un pays montagneux et boisé. La nature et les travaux de l'art en ont fait une place très forte. On y a établi une colonie de Chinois pour la culture des jardins. La ville est peu importante par elle-même ; les environs sont d'une stérilité extrême ; les rivages de la baie sont tellement à pic, et l'eau qui les baigne est si profonde, que l'on peut passer des rochers sur les navires mouillés le long de leurs flancs. Des marais et des broussailles qui s'étendaient jusqu'à peu de distance des forts rendaient l'air insalubre; les Anglais ont abattu les bois, et ouvert des écoulemens aux eaux stagnantes, et la chaleur du climat a produit des effets moins désastreux qu'auparavant.

A mesure que l'on prolonge la côte située au nord-ouest de Trinquemale, l'œil ne découvre qu'un rivage escarpé et des forêts immenses qui s'avancent dans l'intérieur du pays. Au premier aspect, on le croirait, ainsi que les autres parties de l'île, absolument dépourvu d'habitans. Cependant il est très peuplé; les insulaires construisent leurs cabanes dans les bois: comme ils fuient à l'approche des étrangers, on ne peut les voir qu'en pénétrant dans leurs retraites.

Malativou, située à mi-chemin, entre Trinquemale et Jaffnapatam, est dans une position délicieuse et pittoresque; un petit fleuve qui se jette dans la mer, forme un port suffisant pour de grands bateaux. Ce lieu fournit Trinquemale de provisions de bouche. Les environs abondent en gibier. En avançant au nord, on trouve l'extrémité septentrionale de Ceylan qui forme une longue péninsule, presque séparée du reste de l'île par un bras de mer très profond. Elle comprend le territoire de *Jaffnapatam* situé directement à l'opposite de Négapatnam, ville de la côte de Coromandel. C'est la partie la moins malsaine de l'île; elle doit cet avantage à la mer qui l'environne pour ainsi dire de toutes parts, et rafraîchit à leur passage les vents chauds qui viennent du continent. Les prairies verdoyantes de ce canton annoncent sa douce température; on peut y élever des moutons; l'agriculture y est florissante, et le tabac d'une excellente qualité. Jaffnapatam communique avec la mer par une petite rivière. On y a établi des manufactures de grosses toiles, de mouchoirs, de schals, de bas de coton. Les joailliers, les orfévres, les menuisiers, les ébénistes, sont les plus habiles de l'île.

A peu de distance, à l'ouest, gisent plusieurs petites îles, auxquelles les Hollandais ont donné les noms de Delft, de Harlem, de Middelbourg, de Leyde, d'Amsterdam. Les pâturages y sont excellens; on y élève des bœufs et des chevaux. Au sud de Jaffnapatam, la route est extrêmement désagréable et fatigante; elle pénètre à travers les forêts, et passe sur des sables profonds; souvent elle est infestée de sangliers, d'éléphans, de buffles. Entre cette partie de l'île et le continent, se trouve le golfe de Manaar, ainsi nommé d'une petite île située à vingt lieues au sud-ouest de Jaffnapatam.

La traversée de l'île de *Manaar* à Ramisseran, sur la côte de Coromandel, n'est que de quatorze lieues. Quelques uns des nombreux bancs de sable qui remplissent le détroit de Manaar, sont entièrement à sec pendant les moissons. Il s'en trouve particulièrement une file qui s'étend presque en ligne directe de Manaar à Ramisseran: On l'appelle le *Pont d'Adam*. Le nom et la position de ces bancs se rattachent à une foule de traditions singulières des Chingulais qui l'appellent pont de Bouddha ; pour les Indous, c'est le pont de Rama. C'est, parmi ces peuples, une opinion généralement adoptée, qu'à une époque très reculée, Ceylan faisait partie de la presqu'île de l'Inde, et n'en a été séparée que par une grande convulsion de la nature.

Quoique ce détroit ait trop peu de profondeur pour recevoir de gros navires, les petits bâtimens le traversent pour porter directement d'une de ses rives à l'autre des marchandises et des dépêches, ce qui dispense de longs circuits qu'il faudrait faire pour doubler la partie méridionale de l'île. Les Hollandais avaient construit un fort sur l'île de Manaar, pour commander la communication de Ceylan avec le continent, et protéger la pêche des perles qui a lieu dans la baie de *Condatchy*, située à quatre lieues plus au sud.

La côte qui entoure cette baie n'offre

qu'un terrain sablonneux et aride ; un petit nombre de huttes misérables sont éparses sur cette plage à quelque distance des forêts. Mais à la saison de la pêche, tout change d'aspect, tout s'anime. Une multitude de petits navires se réunissent dans la baie. Le rivage se couvre d'une foule d'hommes accourus de toutes les parties de l'Inde ; ils offrent une diversité singulière de teint, de langage, de mœurs.

Le mouvement continuel de ces hommes, le grand nombre de tentes et de cabanes élevées à la hâte, et dont chacune a sa boutique, la quantité de barques qui, l'après-midi, reviennent de la pêche, et dont plusieurs rapportent des richesses ; l'inquiétude peinte sur la physionomie de leurs propriétaires, lorsqu'elles approchent de la côte ; l'empressement avec lequel ils courent à leur rencontre dans l'espoir d'y trouver une cargaison précieuse ; le nombre prodigieux de joailliers, de courtiers, de marchands de différens pays, tous occupés du commerce des perles, ceux-ci les séparant et les assortissant, ceux-là les pesant, d'autres en calculant la valeur, quelques-uns les perçant; cet ensemble de détails annonce l'importance des opérations dont tout ce monde est occupé.

La baie de Condatchy est le rendez-vous le plus central pour les bateaux qui sont employés à la pêche des perles. Les bancs sur lesquels elle a lieu occupent un espace de dix lieues du nord au sud, et de huit lieues de l'est à l'ouest dans la baie de Manaar. Le principal est vis-à-vis de Condatchy. Avant de commencer la pêche, on fait examiner l'état des divers bancs pour reconnaître celui des huîtres. D'après le rapport que reçoit le gouvernement, il met à l'enchère les bancs sur lesquels il permet la pêche. C'est ordinairement un Indou qui s'en rend adjudicataire. Quelquefois le gouvernement trouve plus avantageux de faire pêcher pour son compte, et de vendre ensuite les perles aux marchands.

La pêche commence en février et se termine à peu près dans les premiers jours d'avril. Les bateaux et les petits navires employés à la pêche viennent particulièrement de Tutocorin, de Caracal, de Negapatnam, sur la côte de Coromandel, et de Coulang, sur la côte de Malabar. Une fois réunis dans la baie de Condatchy, ils y sont comptés, et les propriétaires les louent moyennant un prix qui, suivant les circonstances, varie de cinq cents à huit cents pagodes par bateau.

A dix heures du soir un coup de canon tiré d'Arrippo, village au nord de la baie, donne le signal du départ; la flottille appareille avec la brise de mer; elle arrive aux bancs avant la pointe du jour; au lever du soleil, on commence à plonger. l'opération dure, sans interruption, jusqu'à midi; la brise qui s'élève alors avertit les plongeurs de retourner à terre. Dès qu'on a signalé les bateaux, un autre coup de canon annonce leur approche aux propriétaires. Dès que les bateaux abordent le rivage, la cargaison est enlevée, parce qu'il faut que le déchargement soit achevé avant la nuit.

Chaque bateau porte vingt hommes et un patron. Dix hommes sont chargés de ramer et d'aider les plongeurs à remonter. Ceux-ci descendent cinq à la fois au fond de la mer. Lorsque les cinq premiers sont revenus à la surface de l'eau, les autres les remplacent, et plongent ainsi alternativement; ils se donnent le temps de reprendre des forces pour recommencer. Accoutumés dès l'enfance à plonger, ces hommes n'appréhendent nullement de s'enfoncer dans la mer à la profondeur de vingt à cinquante pied Dès que le plongeur a ramassé autant d'huîtres qu'il a pu le faire dans l'espace d'environ deux minutes, il tire une corde qu'il tient de la main droite. A ce signal, on le remonte et on le reçoit dans la barque.

Les efforts que font les plongeurs pendant leur travail sont si violens, qu'à leur retour ils rendent l'eau et quelquefois le sang par la bouche, par les narines et par les oreilles, ce qui ne les empêche pas de redescendre lorsque leur tour revient. Souvent ils descendent dans l'eau quarante à cinquante fois dans un jour, et rapportent chaque fois une centaine d'huîtres. Quelques-uns se frottent le corps avec de l'huile, et se bouchent le nez et les oreilles, pour empêcher l'eau d'y pénétrer, d'autres n'usent d'aucune précaution. Quelques plongeurs restent jusqu'à quatre et cinq minutes dans l'eau, mais c'est le plus petit nombre.

Le salaire des plongeurs varie ; tantôt on les paie en argent, tantôt on leur accorde une quantité d'huîtres proportionnée à celles qu'ils prennent ; ce dernier mode est le plus généralement adopté. On fait à peu près le même arrangement avec les propriétaires des bateaux. Quelquefois ceux-ci remettent une somme au principal fermier, afin de pouvoir pêcher pour leur propre compte. Les uns s'enrichissent par ce dernier moyen, les autres perdent considérablement. On fait aussi des loteries qui consistent à acheter un certain nombre d'huîtres encore fermées, et à courir la chance d'y trouver plus ou moins de perles. Les officiers européens, et d'autres personnes qui assistent à la pêche, soit à cause de leur service, soit par curiosité, sont passionnés pour cette sorte de jeu.

Les propriétaires de bateaux et les marchands sont exposés à perdre un grand nombre de perles, et souvent les plus belles, pendant que la flottille retourne à terre. Laissées quelque temps en repos les huîtres s'ouvrent fréquemment d'elles-mêmes. Alors une belle perle s'aperçoit facilement, et avec un brin d'herbe ou de bois on empêche les coquilles de se refermer; il ne faut plus ensuite que trouver l'occasion de voler la perle, et elle peut aisément se présenter. Les hommes employés à fouiller dans le corps de l'huître se permettent aussi beaucoup d'infidélités. Lorsque les marchands les en soupçonnent, ils les renferment, et leur administrent, à forte dose, l'émétique et les purgations, et recouvrent souvent, à l'aide de ce moyen, l'objet volé.

A la sortie du bateau, les huîtres sont emportées par les marchands auxquels elles appartiennent, et déposées dans des trous ou des puits profonds de deux pieds. On les place aussi quelquefois sur de petits espaces carrés entourés d'une palissade. On étend une natte sur la terre, afin que les huîtres ne se touchent pas, puis on les laisse pourrir et dessécher. Alors on les ouvre, sans risquer d'endommager la perle, ce qui arriverait si on voulait prendre celle-ci lorsque les huîtres sont encore fraîches. Quand les écailles sont séparées, on examine l'huître avec attention ; il est même d'usage de la faire bouillir, parce que la perle, bien qu'on la trouve ordinairement dans sa coquille, est souvent renfermée dans le corps de l'animal.

Les huîtres, dans leur état de putréfaction, répandent une odeur insupportable qui dure long-temps après la fin de la pêche. Elle s'étend à la distance de plusieurs milles autour de Condatchy, et rend toute cette contrée désagréable et malsaine, jusqu'à ce que la mousson et les grands vents du sud-ouest aient purifié l'air. Cette puanteur ne peut cependant pas repousser ceux que l'espoir du gain anime. Plusieurs mois après la saison de la pêche, on voit une foule de gens parcourir, les yeux fixés à terre, le rivage et les emplacemens où l'on a fait pourrir les huîtres ; quelquefois ils en trouvent une qui les dédommage amplement de leurs peines.

Les perles de la côte de Ceylan sont d'une eau plus blanche que celles du golfe persique, sur la côte d'Arabie ; cependant elles ont la réputation de n'être ni aussi pures, ni d'aussi bonne qualité. On en pêche aussi près de Tutocorin, mais elles sont inférieures à celles des deux espèces précédentes ; elles ont une teinte bleue ou grisâtre. Les perles forment, après la cannelle, la branche la plus importante du commerce de Ceylan. Le grand concours d'étrangers que leur pêche attire dans cette île, procure un débouché aux productions du pays.

Le spectacle que présentent à cette époque les mœurs et les costumes des Indous, est peut-être ce qu'il y a de plus remarquable ; on peut dire que chaque caste y a ses représentans. Les prêtres indous, et les mendians de plusieurs autres sectes religieuses, causent un tort considérable ; car, sans parler de leur extrême fainéantise, ils sont turbulens et insolens, mais ce ne sont pas les seuls fléaux de ceux qui assistent à la pêche; il y vient aussi une foule de jongleurs, de danseurs et de danseuses, de bateleurs, et un grand nombre de misérables qui n'ont d'autre métier que celui de voleur et de filou, qu'ils font avec la plus merveilleuse adresse. Il n'est aucun lieu où ils aient autant de facilité de mettre leur dextérité à profit. Toutes les précautions possibles ne suffisent pas pour prévenir leurs vols; ils ont surtout une telle adresse à tirer la perle de l'huître, et à la mettre en lieu sûr, qu'on n'a pas encore pu trouver un moyen de les en empêcher.

La côte entre Manaar et Colombo ne présente qu'un désert aride, excepté dans les endroits où elle est entrecoupée de djengles; la distance est de cinquante lieues. Dans cet intervalle se trouve *Pontellam*, remarquable par ses salines. A *Nigumbo*, le pays est plus découvert et présente un aspect enchanteur; le sol y

est partout de la plus grande fertilité.
Des rivières nombreuses entrecoupent ces
belles plaines; les bosquets délicieux dont
elles sont ornées, les haies vives et touffues qui entourent les champs, complètent le charme du tableau.

Nigumbo se trouve dans la partie la
plus pittoresque, et passe pour le lieu le
plus sain de l'île; c'est le plus gros village
de Ceylan. Les Hollandais y avaient bâti
un fort pour protéger les ouvriers occupés à la récolte de la cannelle. L'embouchure d'un bras du Mallivaddy forme à
Nigumbo un petit port très avantageux
pour le commerce avec l'intérieur. La pêche est très abondante dans le fleuve, les
rivières et les lacs voisins. Au sud de Nigumbo, la route devient extrêmement
agréable; elle est ombragée par de belles
forêts, et coupée par deux fleuves larges,
profonds et rapides, indépendamment de
rivières moins considérables.

Le fort de *Colombo* est bâti sur une

péninsule qui s'avance dans la mer, position très avantageuse et très salubre, au moyen des brises de mer qui le rafraîchissent de tous côtés. La ville est régulière; toutes les maisons son bien construites; chacune a sur la rue un verandah, ou vaste portique, sous lequel on s'asseoit pour respirer le frais. Ontre cet abri, un double rang d'arbres touffus empêche la reverbération du soleil sur les murs, qui sont d'une blancheur éblouissante. De même que les villes de l'Inde, Colombo a une ville noire, où demeurent les marchands indous. Le gouverneur y entretenait un bel hospice pour les orphelins et les enfans des pauvres. Les Anglais ont conservé cet utile établissement.

Quoique Colombo n'ait qu'une rade ouverte et de difficile accès, néanmoins la richesse de son territoire en a fait un entrepôt de commerce considérable. On y vient charger la cannelle et le poivre; on distille dans ses environs beaucoup d'arak qui s'expédie dans l'Inde. On fabrique à Colombo des cordages de coya ou de fibres de cocotiers. Tous les ans un vaisseau chinois arrive de Canton chargé de thé, de sucre, de confitures sèches, de chapeaux de paille, et de toutes sortes de colifichets.

Ceylan était fréquenté, dès la plus haute antiquité, par les navires arabes et persans. D'après une ancienne tradition conservée parmi les insulaires, il régnait à Ceylan, long-temps avant l'ère chrétienne, un roi despotique, nommé *Rama*, qui laissa son nom à un royaume, et à une ville magnifique. Dans les temps postérieurs et historiques, il se forma dans Ceylan six petits royaumes. La discorde qui régnait entre les rois de ces états rivaux, facilita aux Européens le moyen de s'en rendre maîtres.

A la faveur des guerres intestines, les Portugais s'établirent à Ceylan l'an 1517; mais ils abusèrent d'une manière si révoltante des libertés qui leur avaient été accordées, qu'ils firent tourner contre eux les forces réunies des rois de l'île. Les Hollandais offrirent leurs secours aux Ceylanais, et enlevèrent aux Portugais toutes leurs possessions. Les nouveaux colons européens ne surent pas mieux ménager les habitans de l'île, et ils portèrent bientôt leurs vues ambitieuses sur la totalité du pays, et particulièrement sur le royaume de Candy. Les efforts qu'ils firent pour s'en rendre maîtres échouèrent à cause de la position presque inexpugnable de ce royaume, entouré de montagnes, séparées par des défilés très étroits, des déserts et des forêts infestées par des éléphans sauvages, des ours, des tigres, d'énormes serpens, et d'autres animaux malfaisans. Ces guerres inutiles coûtèrent à la Compagnie beaucoup de soldats et des sommes énormes, tandis que ses employés achevèrent de détruire ses espérances par leur cupidité sans bornes.

Cependant les Ceylanais ne surent point se délivrer de leurs maîtres, et après avoir long-temps gémi des vexations que les Européens leur firent éprouver, ils passèrent à la fin du siècle dernier sous le joug des Anglais, qu'ils essayèrent de secouer en massacrant la garnison anglaise de Candy, sans examiner préalablement si les moyens qu'ils pouvaient employer à leur défense suffiraient pour soutenir une infraction aussi contraire à la paix qu'ils avaient jurée.

Le roi de Candy était regardé comme propriétaire du sol de l'île entière. Son pouvoir était absolu. Aucun monarque de l'Orient ne portait des titres aussi pompeux et plus extravagans que ce monarque. Il en devait une partie aux Portugais et aux Hollandais, qui lui payaient généreusement avec cette monnaie toute partie de son territoire qu'ils s'appropriaient. L'état était gouverné par deux ministres nommés adigars, qui étaient aussi chargés de l'administration de la justice. Leur sentence était définitive; on pouvait à la vérité en appeler au prince, mais comme les adigars approchaient seuls de sa personne, il était aussi difficile que dangereux d'user de ce privilége. La pompe des adigars égalait celle du roi. Un certain nombre d'officiers de leur maison marchait devant eux, portant la baguette d'argent, symbole du pouvoir; d'autres, armés de fouets, écartaient la foule.

Tous les Candiens étaient obligés de prendre les armes, lorsque le roi l'ordonnait. Les troupes régulières se montaient à près de vingt mille hommes. Selon la coutume des despotes, qui n'osent confier à leurs sujets la défense de leur personne, le prince avait toujours près de lui un corps de Malabares, de Malais et d'autres étrangers dont un grand nombre avait déserté le service des Hollandais; mais ces troupes mercenaires ne le rassuraient pas encore. Sans cesse assailli par ses inquiétudes et par ses alarmes, craignant d'être trahi, il ne voyait dans la plupart des grands de ses états que des hommes qui conspiraient contre sa personne. Le soupçon devenait l'arrêt de mort du malheureux sur lequel il tombait ; il était, ainsi que sa famille, livré au plus affreux supplice.

Ces exécutions se multiplièrent tellement, elles furent accompagnées d'actes de cruauté si révoltans, que le peuple même en fut effrayé ; l'indignation publique éclata. Les Candiens opprimés, vexés, tourmentés de toutes les manières, implorèrent l'assistance des Anglais, pour chasser du trône un monstre devenu l'objet de la haine générale. En conséquence de leurs supplications réitérées, une armée anglaise entra sur le territoire de Candy au mois de février 1815, et n'eut à combattre que les difficultés du terrain. Le roi, poursuivi par ses propres troupes et par ses sujets, s'enfuit de sa capitale.

« Après s'être caché en plusieurs endroits il fut découvert par des paysans armés. Le petit nombre de soldats malabares qui lui étaient restés fidèles firent résistance, et blessèrent un des assaillans. Ceux-ci se retirèrent à quelques pas, et firent feu sur la maison. Alors le roi en sortit, et se livra à ceux qui le cherchaient ; ils le garrottèrent, l'accablèrent d'outrages, et le dépouillèrent. Mais bientôt les Anglais arrivèrent, firent cesser ces indignités, et l'envoyèrent à Colombo, d'où il fut transporté dans l'Indostan. Les Anglais conviennent que cette expédition, qui se termina si heureusement, n'aurait pu être entreprise sans le concours des chefs et du peuple de Candy. Ils purent se regarder comme maîtres absolus de Ceylan, et une proclamation annonça que le roi de Candy s'étant, par sa mauvaise conduite, rendu indigne du trône, en était déclaré déchu ; toute l'île devait à l'avenir être régie d'après ses propres lois, sous l'autorité du roi de la Grande-Bretagne. C'est sans doute une très belle acquisition que cette île, dont la position, qui domine les deux côtes de Malabar et de Coromandel, rend la puissance maritime qui la possède maîtresse de toute la navigation de l'Inde.

FIN DU TOME QUATRIÈME.

www.ingramcontent.com/pod-product-compliance
Lightning Source LLC
Chambersburg PA
CBHW070635170426
43200CB00010B/2033